Thomas Guénolé

LE SOUVERAINISME

Que sais-je?

À lire également en
Que sais-je ?

COLLECTION FONDÉE PAR PAUL ANGOULVENT

Philippe Braud, *La Science politique*, n° 909.
Michel Offerlé, *Les Partis politiques*, n° 2376.
Pascal Perrineau, *Le Populisme*, n° 4161.
Jacques Sapir, *Le Protectionnisme*, n° 4223.

ISBN 978-2-7154-0836-4
ISSN 0768-0066

Dépôt légal – 1re édition : 2022, janvier

170 *bis*, boulevard du Montparnasse, 75014 Paris

À Emmanuel Todd,
mon maître Jedi.

Introduction

« Je me souviens. »
DEVISE DU QUÉBEC

Le souverainisme est une doctrine politique prônant l'indépendance d'une nation, son autonomie ou un surcroît d'autonomie, à l'égard d'un échelon de pouvoir qui la surplombe.

Le concept de souverainisme est né au Québec, pour désigner les partisans de son indépendance ou de son autonomie, lorsque leur mouvement accéda au rang de force politique de masse, à la toute fin des années 1960. Il s'inscrivait alors dans le contexte du conflit plusieurs fois séculaire entre la population francophone québécoise et le pouvoir politique anglophone surplombant.

Nous sommes en 1534. François Ier, roi de France, confie à Jacques Cartier, navigateur breton natif des environs de Saint-Malo, la mission de trouver une nouvelle route maritime vers l'Asie *via* l'Amérique du Nord. L'explorateur malouin échoue à trouver ce « passage du Nord-Ouest », mais parvient à remonter le fleuve Saint-Laurent et, ce faisant, découvre ce qui s'appellera le « Canada ». Le royaume de France entreprend de coloniser cette Amérique septentrionale. Les colonies prennent le nom de « Nouvelle-France ». La ville de

Québec, fondée en 1608 par Samuel de Champlain, autre explorateur français, en devient la capitale.

Au mitan du XVIIIe siècle, les expansions coloniales britannique et française en viennent à se heurter. Les territoires français sont vastes mais de développement fragile, et peu soutenus par la métropole. Les territoires britanniques, en particulier les treize colonies côtières qui deviendront d'ici la fin du siècle les États-Unis d'Amérique, sont au contraire moins étendus et plus développés. Provoquée par une accumulation d'incidents entre colons dans la vallée de l'Ohio, la guerre de la Conquête (1754-1760) verra la victoire du Royaume-Uni.

Trois ans plus tard, la Proclamation royale de 1763 constitue un véritable programme britannique de colonisation et d'acculturation de la *Province of Quebec*. Les Québécois sont exclus de l'accès aux nouveaux terrains alloués dans le cadre d'une politique agressive de colonisation anglaise des terres. L'anglais est la seule langue admise dans la vie administrative et judiciaire de la province. Le serment du Test, profession de foi anglicane exigée pour accéder à tout poste administratif ou militaire, aboutit en pratique à en exclure les Québécois francophones, généralement catholiques. Les lois civiles et pénales anglaises s'appliquent à la place du droit français, qui est abrogé.

De peur que les Québécois n'imitent la fronde en cours des Treize Colonies, qui deviendra en 1775 la guerre d'Indépendance américaine, l'Acte de Québec de 1774 revient sur les dispositions suscitant le plus de mécontentement. Le droit civil français est rétabli, les propriétaires terriens québécois récupèrent l'essentiel de leurs anciens droits, et le serment du Test est remplacé par un simple serment de fidélité au roi.

Le français est reconnu comme langue de culte, dans la vie judiciaire et dans les affaires civiles.

La défaite du Royaume-Uni lors de la guerre d'Indépendance américaine jette des colons anglais restés fidèles à la Couronne sur les chemins de l'exil, en direction de l'Amérique britannique plus septentrionale. Le bouleversement du rapport de force démographique qui s'ensuit entre anglophones et francophones conduit la puissance coloniale à décréter, en 1791, l'éclatement en deux de la *Province of Quebec*. L'une d'elle, le Bas-Canada, essentiellement québécois et francophone, conserve les institutions de 1774. C'est l'embryon de l'actuelle province canadienne du Québec.

Près d'un demi-siècle plus tard, les tensions accumulées entre colons anglais et Québécois francophones font de la province une poudrière, au point que les autorités britanniques décident de transférer l'intégralité des troupes régulières du Haut-Canada vers le Bas-Canada. En 1837, les opposants à la colonisation anglophone prennent les armes : c'est la rébellion des Patriotes. Cette dernière, promptement écrasée par l'armée coloniale, se conclut par une vague d'arrestations, de pendaisons et de déportations vers la colonie pénitentiaire d'Australie.

L'Acte d'Union de 1840 vient ajouter à cette déroute militaire l'annihilation pure et simple du Québec en tant qu'entité politique, lequel ne connaît plus ni lois ni institutions particulières : les diverses provinces deviennent la province unique du Canada, dont la seule langue officielle est l'anglais et où seul le droit anglais s'applique. Ce déni d'existence suscitera au sein du peuple québécois le mouvement de la Survivance, attitude générale de préservation de la culture québécoise face à la politique anglaise d'assimilation, qui renonce cependant à tout indépendantisme, et dans laquelle des institutions telles que l'Église jouent un rôle cohésif crucial.

C'est dans cette séquence historique que s'inscrit la devise « Je me souviens ». À la fin du XIXe siècle, Eugène-Étienne Taché, architecte de l'hôtel du Parlement du Québec, fait graver cette phrase sous les armoiries du Québec sculptées à l'entrée du bâtiment. Dans le contexte politique de l'époque, cette phrase signifie que, malgré la conquête britannique de 1760 et la rébellion vaincue de 1837-1838, les Québécois francophones se souviennent de leur identité, distincte de celle du Canada anglophone. Le gouvernement local l'adoptera quelques décennies plus tard en tant que devise officielle.

Il faut attendre le siècle suivant, durant les années 1960, pour que l'indépendantisme et l'autonomisme redeviennent au Québec une force politique considérable. Le cas québécois tend alors à démontrer que l'on peut appliquer au souverainisme les trois stades de développement du nationalisme théorisés par Miroslav Hroch, qui les appliquait aux nationalismes d'Europe du XIXe siècle[1].

La première phase est un mouvement culturel et littéraire, mais globalement apolitique, de préservation d'une identité. Dans le cas du Québec, c'est la Survivance.

La deuxième phase voit l'apparition d'une minorité agissante d'activistes pionniers, militants du souverainisme, qui par leur activisme même popularisent, normalisent et banalisent ce concept dans la vie politique. De fait, les années 1960 sont marquées par l'action de plusieurs groupes radicaux voire violents, dont notamment le Front de libération du Québec (FLQ).

1. M. Hroch, *Die Vorkämpfer der nationalen Bewegung bei den kleinen Völkern Europas*, Prague, Universita Karlova, 1968.

Dans la troisième phase, le souverainisme atteint la maturité comme force politique de grande envergure et acquiert un soutien de masse dans la population. En l'occurrence, ceci correspond à la création du Mouvement Souveraineté-Association puis du Parti québécois, sous l'égide du chef de file charismatique René Lévesque.

En 1966, après six années au pouvoir, le Parti libéral québécois perd les élections législatives de la province. Le 24 juillet 1967, le président de la République française Charles de Gaulle, alors en visite officielle au Canada et déterminé à soutenir les partisans de l'autodétermination du « Canada français », lance un slogan indépendantiste à la foule depuis le balcon de l'hôtel de ville de Montréal : « Vive le Québec libre ! » S'il s'ensuit un incident diplomatique entre Paris et Ottawa, la cause nationale québécoise n'en acquiert pas moins du jour au lendemain une notoriété planétaire. La même année, un ancien ministre membre du Parti libéral, René Lévesque, propose que le parti milite dorénavant pour l'indépendance du Québec dans le cadre d'un marché commun avec le Canada anglophone. Face au refus des instances du mouvement d'en débattre, il le quitte, publie le manifeste *Option Québec* et fonde un proto-parti, le Mouvement Souveraineté-Association, puis le Parti québécois.

C'est lors de cette année charnière, en 1968, que le concept de souverainisme est adopté, à la fois par les indépendantistes et les autonomistes, mais aussi par les médias de masse du Québec, pour définir leur projet politique. Le 15 octobre 1968, *Le Devoir*, quotidien de référence des élites québécoises, qualifie ainsi le Mouvement Souveraineté-Association d'organisation « souverainiste[1] ». Quant au discours d'ouverture

1. « René Lévesque : "Tôt ou tard, un parti" », *Le Devoir*, 15 octobre 1968.

de René Lévesque lors de la création dudit mouvement, il multiplie à dessein les occurrences du mot « souveraineté ». « Le premier de nos objectifs fondamentaux sur lesquels nous nous sommes réunis » est « de créer un État souverain de langue française par une action démocratique constante », expose-t-il. « Seule la souveraineté du Québec nous sortira de tous ces fouillis déprimants. [...] Le Québec souverain, ça presse pour tout un peuple[1]. »

Pourquoi cette force politique parle-t-elle de *souveraineté* et de *souverainisme*, en évitant les mots d'*indépendance*, d'*indépendantisme* ou d'*autonomie* ? Deux grandes raisons l'expliquent. La première relève de la sincérité doctrinale. René Lévesque ne milite pas pour l'indépendance pure et simple. Si son manifeste *Option Québec* proclame que « la souveraineté nationale sera, après l'épuisant et monotone hiver d'une grise et médiocre survivance, le printemps du Québec[2] », il affirme également qu'« il doit y avoir une nation canadienne-anglaise [...] en partnership avec la nation canadienne-française » : « l'association de deux égaux »[3]. « Ce que nous proposons au Québec de déposer, explique-t-il, c'est un projet d'association comportant : union monétaire et marché commun ainsi que leur complément logique, la coordination des politiques fiscales[4]. » En d'autres termes, René Lévesque prône la souveraineté-association, c'est-à-dire l'association entre un Québec indépendant et le Canada anglophone, sous la forme d'un marché commun, d'une union monétaire et de politiques fiscales coordonnées.

1. R. Lévesque, « Discours d'ouverture du congrès MSA-RN », 11 octobre 1968.
2. R. Lévesque, *Option Québec*, Paris, Robert Laffont, 1968, p. 156.
3. *Ibid.*, p. 49.
4. *Ibid.*, p. 54.

La seconde grande raison est d'ordre stratégique. Il s'agit d'imaginer une notion qui puisse englober l'indépendantisme et l'autonomisme, de sorte qu'à la fois les partisans de l'autonomie à l'intérieur du Canada fédéral et ceux, plus radicaux, de l'indépendance du Québec, soient pareillement satisfaits. Le concept de souverainisme répond à cette nécessité[1].

Après avoir été conçu et propagé au Québec à partir des années 1960, le concept connaît en France une seconde naissance à la toute fin du xxe siècle, cette fois pour désigner les forces politiques opposées à l'intégration européenne.

Le journal *Le Monde* est en ce temps-là le journal de référence, l'aiguille de la boussole du débat politique français. Il est donc particulièrement intéressant de consulter ses archives, afin d'identifier quand et comment le souverainisme a pris en France l'importance et le sens que nous lui connaissons aujourd'hui. Presque tout au long de la décennie 1990, le quotidien du soir n'emploie ce concept que deux fois, et uniquement pour traiter du Québec[2]. Ce n'est qu'en 1999, dans le contexte de la campagne pour les élections européennes de juin, que des candidats de droite opposés à l'intégration européenne, emmenés par les anciens ministres Charles Pasqua et Philippe de Villiers, commencent à s'en servir afin de se désigner eux-mêmes, hors de tout contexte québécois, comme des « souverainistes » français face au pouvoir supranational européen. Ainsi

1. P. Dufour, C. Traisnel, « Aux frontières mouvantes des mouvements sociaux, ou quand les partis politiques s'en mêlent : le cas du souverainisme au Québec », *Politique et sociétés* (Montréal), vol. 28, n° 1 (2009), p. 37-62.

2. « Le fédéralisme en question », *Le Monde*, 22 mars 1991 ; « Défi québécois, tropisme américain et enjeu européen », *Le Monde*, 28 octobre 1995.

importé du Québec, l'épanouissement du concept dans le débat d'idées français se révèle ensuite extrêmement rapide.

Preuve de son adoption par le journalisme politique : un article du *Monde* du 27 avril 1999 va jusqu'à le reprendre dans son titre[1]. Preuve de son adoption par la classe politique en général et par les adversaires de cette doctrine en particulier : Jacques Delors, l'un des pères fondateurs de l'Europe de Maastricht, l'emploie dans une tribune au *Monde* du 11 juin[2]. Preuve de son adoption par l'univers de l'analyse politique : un article du même journal entreprend trois jours plus tard de lui donner une définition ; l'appellation « souverainistes » est selon lui le « nom que l'on donne généralement à ceux qui récusent l'abandon de la souveraineté nationale au profit de règles communes ». Puis son auteur prend l'initiative d'élargir le concept au-delà du cas français : les souverainistes, écrit-il, « se recrutent souvent chez les Nordiques qui se classent à gauche. Ils représentent de forts courants dans les partis sociaux-démocrates au pouvoir, en Suède comme au Danemark, deux pays qui n'ont pas adopté la monnaie unique[3] ». Quelques mois plus tard, le 30 septembre 1999, face à la fortune immédiate du concept, deux lieutenants du tandem Pasqua-Villiers, les nouvellement élus députés européens William Abitbol et Paul-Marie Coûteaux, transforment l'essai en revendiquant le souverainisme dans une tribune au *Monde* intitulée « Souverainisme, j'écris ton nom ». Ils y affirment qu'en cette année 1999 « le refus multiforme d'une

1. « "Souverainistes" et "fédéralistes" prônent deux visions antagonistes de l'Europe », *Le Monde*, 27 avril 1999.
2. J. Delors, « Une nouvelle génération d'Européens », *Le Monde*, 11 juin 1999.
3. « Souverainistes et eurosceptiques sont trop divers pour concrétiser leur influence », *Le Monde*, 13 juin 1999.

mise en tutelle générale des activités humaines par une pléiade de sociétés multinationales et de constructions supranationales a trouvé son nom : le souverainisme »[1].

Trois ans plus tard, en 2002, le souverainisme entre pour la première fois dans l'univers conceptuel de la recherche en science politique au-delà du cas québécois. Étudiant les cas français et britannique, la politologue belge Justine Lacroix est alors la première à l'analyser et à tenter de le définir dans un périmètre élargi. Parlant plus exactement de « national-souverainisme », elle le définit comme une doctrine politique qui postule l'absolue nécessité de faire coïncider la démocratie avec la souveraineté nationale. Toute tentative de démocratie supranationale, par exemple la construction européenne, est donc à la fois illégitime et vouée à l'échec.

Constatant que « c'est avant tout dans l'opposition aux formes prises par le processus d'intégration européenne » que le souverainisme a émergé en France, Justine Lacroix observe que « s'il restait bien quelques voix pour s'élever contre l'européanisme abstrait et l'internationalisme, celles-ci se réduisaient, il y a encore seulement quelques années, à celles des conservateurs eurosceptiques en Grande-Bretagne et aux réactionnaires d'extrême droite en France ». Mais à présent, note-t-elle, il s'y ajoute en France un souverainisme de gauche, « qui puise ses sources d'inspiration loin dans la pensée politique du pays : celui du "nationalisme républicain de gauche". Un mouvement resté longtemps marginal sur l'échiquier politique, mais qui a pris une ampleur inattendue dans le champ intellectuel, où il est illustré, notamment, par

1. W. Abitbol, P.-M. Coûteaux, « Souverainisme, j'écris ton nom », *Le Monde*, 30 septembre 1999.

Paul Thibaud, Max Gallo, Emmanuel Todd, Pierre-André Taguieff et Régis Debray. [...] Ce retour en force de la nation dans les écrits et discours d'intellectuels de gauche témoigne du moins de leur volonté d'en revenir aux sources du "premier" nationalisme français qui, à la fin du XVIIIe siècle, s'était confondu avec l'idée démocratique »[1].

Depuis lors, dire du souverainisme qu'il est une doctrine prônant l'indépendance, l'autonomie, ou davantage d'autonomie d'une nation relève en français du langage politique courant. Les autres langues, cela doit être relevé, ne semblent en revanche pas avoir d'équivalent pour désigner d'un seul mot tout cela à la fois. Par exemple, en anglais, « souveraineté » se dit *sovereignty* mais le néologisme qui équivaudrait au souverainisme, *sovereignism*, est inusité. Le mot employé pour le souverainisme envers l'Union européenne est *euroscepticism*, celui pour l'indépendantisme est *independence*, et l'autonomisme n'apparaît pas être désigné par un mot spécifique. En chinois, la traduction la plus fidèle de la notion de souverainisme consiste plutôt à parler de « doctrine de souveraineté » (*Zhǔquán zhǔyì*, 主权主义). En hindi, *souveraineté* se dit *samprabhuta* (संप्रभुता) mais *souverainisme* n'existe pas. En espagnol, « souveraineté » se dit *soberanía*, mais *soberanismo* est rarissime. Les mots d'emploi courant pour désigner ce qu'il recouvre sont *independentismo* pour l'indépendantisme et *autonomismo* pour l'autonomisme.

En d'autres termes, le mot de souverainisme semble constituer à ce jour une spécificité du vocabulaire

1. J. Lacroix, « Le "national-souverainisme" en France et en Grande-Bretagne », *Revue internationale de politique comparée*, vol. 9, n° 3 (2002), p. 391.

politique francophone. Néanmoins, pareilles au Monsieur Jourdain du *Bourgeois gentilhomme* qui faisait de la prose sans le savoir, bien des forces politiques, dans bien des pays, et à bien des époques, sont souverainistes en dehors du Québec.

Le souverainisme existe *ailleurs*. Les années 1960, décennie de la naissance du concept au Québec, voient des victoires en cascade du souverainisme sur le continent africain, dans le cadre de la décolonisation. Rien qu'en 1960, le Bénin, la Haute-Volta (l'actuel Burkina Faso), le Cameroun, la Centrafrique, le Congo-Brazzaville, le Congo-Kinshasa, la Côte d'Ivoire, le Gabon, Madagascar, le Mali, la Mauritanie, le Niger, le Nigeria, le Sénégal, le Tchad, le Togo obtiennent leur indépendance nationale contre les empires coloniaux.

Le souverainisme existait *auparavant*. Notamment au XIXe siècle, l'année 1848 connaît de nombreux soulèvements indépendantistes ou autonomistes envers un empire dominant la nation dont ils revendiquent le droit à la souveraineté, ce qui fait donc d'eux des mouvements souverainistes.

C'est par exemple le cas de la Révolution hongroise de 1848, souverainiste à l'égard de l'empire d'Autriche. Lorsque à Paris une révolution proclame la IIe République française, plusieurs rébellions inspirées du même modèle se soulèvent dans l'Empire autrichien. Les insurgés hongrois créent leurs propres Gardes nationaux. Les troupes autrichiennes doivent reculer face à l'ampleur du soulèvement populaire hongrois. Le 14 avril 1849, la Diète[1] de Hongrie proclame l'indépendance et la République. Les troupes hongroises entrent dans Buda et Pest peu après.

1. Les Diètes de l'empire d'Autriche étaient des parlements locaux nationaux, aux pouvoirs réels très faibles.

Le printemps 1849 marque cependant un tournant. Les défaites d'autres rébellions souverainistes rendent disponibles les troupes impériales utilisées pour les battre, et surtout, l'empire de Russie décide d'offrir à Vienne le renfort de son armée. Submergés, les souverainistes hongrois sont balayés en trois mois. Il s'ensuit une vague de répression. En particulier, treize généraux hongrois, les « martyrs d'Arad » (*aradi vértanúk*) et Lajos Batthyány, premier chef du gouvernement de la Hongrie brièvement souveraine, sont exécutés le 6 octobre 1849.

Le souverainisme existe *ultérieurement*. En Amérique, au Mexique, depuis 1994, l'Armée zapatiste de libération nationale, dirigée un temps par le sous-commandant Marcos, conduit une rébellion autonomiste des peuples indigènes. En Océanie, au tournant du millénaire, après plus d'un quart de siècle de colonisation indonésienne, le Timor oriental obtient son indépendance. En Asie, le Congrès mondial des Ouïghours milite depuis 2004 pour l'indépendance de l'Ouïghouristan à l'égard de la Chine. En Afrique, le Soudan du Sud obtient en 2011 l'indépendance à l'égard du Soudan au terme d'une longue guerre civile. En Europe, au sein du Royaume-Uni, le gouvernement autonome d'Écosse est exercé depuis 2007 par le Parti national écossais (*Scottish National Party*), qui, à la suite de sa victoire aux élections législatives locales de 2021, réclame un nouveau référendum pour l'indépendance[1]. En ce début de XXIe siècle, le souverainisme est donc un enjeu politique sur les cinq continents.

---

1. « Référendum sur la souveraineté de l'Écosse : les questions qui se posent après la victoire des indépendantistes aux élections législatives », France Info, 13 mai 2021.

C'est également un enjeu actuel en France, à la fois en amont et en aval. En amont, à l'égard de l'Union européenne, plusieurs forces politiques contemporaines proposent ou ont proposé qu'elle répudie ou remette en cause tout ou partie des traités constitutifs de cette dernière. C'est ou ce fut le cas, notamment, du Rassemblement pour la France, du Mouvement des citoyens, du Front national (aujourd'hui Rassemblement national), de La France insoumise, de Debout la France, ou encore de l'Union populaire républicaine. En aval, il existe à l'égard de la France plusieurs forces politiques autonomistes ou indépendantistes, et donc souverainistes. C'est par exemple le cas en Nouvelle-Calédonie du Front de libération nationale kanak et socialiste, qui est une coalition de partis souverainistes kanaks : un référendum sur l'indépendance néo-calédonienne est d'ailleurs prévu le 12 décembre 2021.

C'est enfin un enjeu actuel tout autour de la France. Outre-Manche, le référendum de 2016 sur l'appartenance du Royaume-Uni à l'Union européenne a abouti à une victoire souverainiste. Outre-Quiévrain, la Belgique est le théâtre depuis plusieurs décennies de tensions centrifuges extrêmement fortes, en particulier du fait du souverainisme flamand. Outre-Rhin, l'Alternative pour l'Allemagne (*Alternative für Deutschland*), créée en 2013, prône le rétablissement du deutschemark et le retour à une construction européenne intergouvernementale. De l'autre côté des Alpes, la Ligue (*Liga*) est à l'origine un mouvement pour l'indépendance de l'Italie du Nord. Outre-Pyrénées, une crise politique éclate en 2017 après que le gouvernement autonome catalan, lui-même indépendantiste, a proclamé la république de Catalogne.

Malgré son utilisation courante dans le débat politique et intellectuel français, malgré son abondante actualité et malgré sa profondeur de champ historique, le souverainisme demeure paradoxalement à la fois peu étudié et peu défini par la recherche académique. Cet ouvrage a pour but de combler ce manque, de façon synthétique et au mieux des compétences de son auteur.

CHAPITRE PREMIER

Concepts fondamentaux du souverainisme

> « Il est de l'essence de la puissance souveraine de ne pouvoir être limitée : elle peut tout ou elle n'est rien. »
>
> Jean-Jacques ROUSSEAU

Trois notions fondamentales forment ensemble la base essentielle du souverainisme comme doctrine politique : l'État, la souveraineté et la nation.

I. – L'État

L'État peut être défini par le pouvoir exclusif qu'il détient sur un territoire et sur sa population (1). Le souverainisme revendique la création d'un État pour une nation qui n'en a pas ; ou bien, si cet État existe déjà, par exemple au sein d'un État plus vaste, il revendiquera l'autonomie, davantage d'autonomie ou l'indépendance (2). Nous examinerons le cas du souverainisme au sein d'un État unitaire, avec pour exemple la Polynésie française (2.A). Puis nous examinerons celui du souverainisme au sein d'un État fédéral, avec pour exemple le Tatarstan russe (2.B).

1. **Un pouvoir exclusif exercé sur un territoire et sur sa population.** – Le concept d'État est composé de trois grands éléments constitutifs : l'élément

personnel, l'élément matériel et l'élément juridique. L'élément personnel est la population concernée par son existence. L'élément matériel est le territoire relevant de sa souveraineté. L'élément juridique est le pouvoir politique exclusif qu'il exerce sur l'une et l'autre.

L'État est une collectivité humaine stabilisée au sein de laquelle il monopolise l'exercice de la contrainte. D'un point de vue géographique, l'État est une entité artificielle qui se superpose au territoire habité par une population donnée. D'un point de vue juridique, il est une personne morale, qui prend en charge de façon permanente les intérêts d'un groupe humain que l'on peut qualifier de « population », de « peuple », de « nation ». Cette personnalité morale permet à l'État d'être pérenne, et donc à son pouvoir, ses engagements, ses responsabilités, de l'être eux aussi[1].

Le concept d'État est consubstantiel de celui de souveraineté. En effet, selon la définition donnée par Max Weber, « l'État est cette communauté humaine, qui à l'intérieur d'un territoire déterminé [...] revendique pour elle-même et parvient à imposer le monopole de la violence physique légitime[2] ».

Il est également consubstantiel de celui de nation. Raymond Carré de Malberg expose ainsi que « l'État, c'est l'être de droit en qui se résume abstraitement la collectivité nationale. Ou encore, suivant la définition adoptée par les auteurs français : l'État est la personnification de la nation[3] ».

---

1. J. Gicquel, J.-É. Gicquel, *Droit constitutionnel et institutions politiques*, Paris, LGDJ, 2018-2019 (rééd.), p. 62-64.
2. M. Weber, *Le Savant et le Politique*, Paris, La Découverte, 2003, p. 118.
3. R. Carré de Malberg, *Contribution à la théorie générale de l'État*, Paris, CNRS, 1962 (rééd.), p. 9.

2. **État unitaire et État fédéral.** – Le souverainisme s'exprime différemment, selon que le pouvoir surplombant est un État unitaire ou un État fédéral. Dans le premier cas, les souverainistes revendiqueront pour leur nation soit l'indépendance, soit un statut de territoire autonome. Dans le second cas, la nation des souverainistes est généralement déjà un État fédéré : ils réclameront donc soit l'indépendance, soit davantage de pouvoirs, pour cet État déjà existant.

(A) *Le souverainisme face à l'État unitaire*

(a) Définition de l'État unitaire. L'État unitaire est le principe d'organisation d'un État au sein duquel une volonté unique s'exprime, tant du point de vue de son agencement politique que de son ordonnancement juridique. Un seul chef de l'État, un seul gouvernement, un seul parlement, un seul pouvoir judiciaire existent dans le paysage institutionnel. Il y a unicité de la Constitution, de la loi, et plus largement du droit. Sauf cas d'exception, qui créera un territoire autonome placé à part des règles communes, il n'existe ni constitutions locales ni législations particulières locales[1].

(b) Exemple de souverainisme face à un État unitaire : la Polynésie française. Au mitan du XIXe siècle, la guerre franco-tahitienne (1844-1847) voit le royaume de France conquérir les royaumes polynésiens de Tahiti, Bora Bora, Huahine et Raiatea-Tahaa. À compter de 1880 et jusqu'au lendemain de la Seconde Guerre mondiale, la Polynésie a le statut de colonie. En 1946, elle devient un territoire d'outre-mer.

1. J. Gicquel, J.-É. Gicquel, *Droit constitutionnel et institutions politiques*, *op. cit.*, p. 81-82.

En 1949, Pouvanaa Oopa fonde le Rassemblement démocratique des populations tahitiennes (RDPT), parti indépendantiste. Presque une décennie plus tard, sous la pression de la force militante croissante de l'anticolonialisme, la métropole concède à la Polynésie son premier statut d'autonomie. L'année suivante, les journées des 29 et 30 avril 1958 sont marquées par une vague de manifestations et d'émeutes[1]. Quelques mois plus tard, dans la nuit du 10 au 11 octobre, la capitale polynésienne, Papeete, est frappée par deux incendies criminels. Pouvanaa Oopa est arrêté, condamné à huit ans de prison et interdit de séjour en Polynésie : il rentrera à Tahiti en 1968 après neuf années de prison puis d'exil[2]. Dans les années qui suivent cette élimination politique du chef de file des souverainistes polynésiens, le gouvernement métropolitain décide la dissolution de son parti, ainsi que l'installation en Polynésie du Centre d'expérimentations du Pacifique, qui procédera à près de deux cents essais nucléaires jusqu'en 1996.

En 1965 cependant, John Teariki crée le Pupu Here Aia, souverainiste et anticolonial comme le RDPT, dissout deux ans plus tôt. Il s'allie à Francis Sanford, maire de Faaa, la ville la plus peuplée de Polynésie, pour exiger davantage d'autonomie. Les années 1970 voient ensuite apparaître des forces souverainistes supplémentaires, dont notamment le Front de libération de la Polynésie dirigé par Oscar Temaru, souverainiste de gauche.

---

1. A. Touzet du Vigier, « Les événements des 29 et 30 avril 1958 à Papeete », *Journal de la Société des océanistes*, 1990, p. 191-193.
2. En 2018, quarante et un ans après la mort de Pouvanaa Oopa, la commission de révision des condamnations pénales a annulé sa condamnation à titre posthume. Entre autres éléments nouveaux, des gendarmes de l'époque ont reconnu que l'accusation était fondée sur des témoignages fabriqués ou extorqués.

En 1977, peu après le décès de Pouvanaa Oopa, Paris concède un nouveau statut d'autonomie. La Polynésie obtient ensuite en 1984 sa première loi de très vaste autonomie, qui sera plusieurs fois amendée jusqu'à nos jours. Les années 2000 sont ensuite le théâtre d'une forte instabilité politique locale, du fait du rapport de force électoral et parlementaire très fluctuant entre les souverainistes et leurs adversaires. À titre d'exemple, le souverainiste Oscar Temaru accède et réaccède à la présidence de la Polynésie française cinq fois en sept ans.

Il n'en demeure pas moins que, à l'issue de plus d'un demi-siècle de militantisme souverainiste, la Polynésie française a obtenu de l'État unitaire français une autonomie politique très vaste. Elle a sa propre Assemblée, et non pas un conseil régional, ainsi que son propre gouvernement local. Paris reste maître de la défense nationale, du maintien de l'ordre, des questions de nationalité et d'émigration, de la justice, de l'éducation supérieure, et de la recherche. Un « haut-commissaire » surveille, pour le compte de la métropole, le maintien des libertés publiques et des droits individuels et collectifs. Pour tout le reste – ce qui est considérable –, les institutions polynésiennes sont souveraines.

(B) *Le souverainisme face à l'État fédéral*

(a) Définition de l'État fédéral. L'État fédéral est une union d'États consentant à ce qu'un pouvoir étatique surplombant s'exerce sur tous leurs territoires et toutes leurs populations. C'est une construction institutionnelle à deux étages. L'étage inférieur est celui des États membres ou États fédérés. L'étage supérieur est celui de l'État fédéral. L'État fédéral est souverain, puisque c'est lui qui détient les attributs

de la souveraineté. Il a par exemple le pouvoir de battre monnaie, d'assurer la défense du pays, d'accorder la nationalité. Les États fédérés, eux, ne sont pas souverains : un canton suisse ne peut pas déclarer la guerre, un *Land* allemand ne peut pas avoir sa propre monnaie et l'État fédéré brésilien de Rio de Janeiro ne peut pas accorder lui-même la nationalité à un habitant.

Les compétences étatiques sont réparties entre l'État fédéral et les États fédérés. En règle générale, un des deux étages a certains pouvoirs précis et l'autre étage détient tous les autres. Dans le cas des États-Unis d'Amérique, une liste restreinte de compétences échoit à l'État fédéral et les États fédérés disposent de toutes les autres. Dans le cas du Canada, c'est l'inverse. Il peut en outre exister, entre ces deux étages, des compétences concurrentes et des compétences conjointes. *Mutatis mutandis*, les attributs fondamentaux de la souveraineté sont systématiquement réservés à l'État fédéral, ce qui confirme qu'il est souverain et que les États fédérés ne le sont pas. Par exemple, l'État fédéral exerce la souveraineté externe dans l'arène internationale, et les États fédérés n'ont éventuellement leur propre diplomatie que de façon très marginale.

Dans le cas le plus fréquent, le Parlement fédéral a deux chambres et l'une des deux représente les États fédérés. C'est par exemple le cas du Conseil de la Fédération en Russie[1].

(b) Exemple de souverainisme face à un État fédéral : le Tatarstan russe. Lorsque advient la révolution de 1917, les militants souverainistes de plusieurs communautés ethnoculturelles de Russie comptent

---

1. J. Gicquel, J.-É. Gicquel, *Droit constitutionnel et institutions politiques*, *op. cit.*, p. 93-102.

profiter des circonstances pour obtenir l'indépendance. Les Tatars de la Volga, peuple turcophone et musulman, sont l'une de ces communautés. Le 1er mars 1918, des souverainistes locaux, avec pour chef de file le lettré Sadri Maksudi Arsal, proclament la République tatare indépendante d'Idel-Oural. L'intervention de l'Armée rouge y met fin moins d'un mois plus tard, tandis que Sadri Maksudi Arsal s'exile en Finlande. En 1920, les autorités bolcheviques concèdent un statut d'autonomie, dans le contexte toutefois de la dictature du parti unique : ils créent la République socialiste soviétique autonome tatare, territoire autonome au sein de la Russie, qui deviendra elle-même deux ans plus tard un État fédéré de l'Union soviétique nouvellement créée.

De 1920 à 1921, dans le contexte du communisme de guerre et des persécutions politiques envers les paysans, le Tatarstan souffre d'une grande famine qui fait au moins un demi-million de morts[1]. Pour le souverainisme tatar, cette séquence de répression militaire, d'affamement des Tatars et d'installation du totalitarisme soviétique marque un grand coup d'arrêt, jusqu'à l'effondrement de l'Union soviétique soixante-dix ans plus tard.

Le 30 août 1990, alors que le bloc de l'Est est en cours de dissolution et que l'Union soviétique s'apprête à ne plus exister, le Soviet suprême tatar proclame l'indépendance de la République du Tatarstan. Les proclamations d'indépendance se multipliant des pays de la Baltique au Caucase et à l'Asie centrale, les

1. N. Werth, *Les Grandes Famines soviétiques*, Paris, Puf, « Que sais-je ? », 2020. N. M. Dronin, E. G. Bellinger, *Climate Dependence and Food Problems in Russia (1900-1990) : The Interaction of Climate and Agricultural Policy and Their Effect on Food Problems*, Budapest, Central European University Press, 2005, p. 98.

chances pour que le Tatarstan devienne lui aussi un État souverain sont alors bien réelles. En 1992, les autorités tatares mettent à profit la relative déliquescence de l'État russe post-soviétique pour organiser un référendum local sur l'indépendance, auquel les votants répondent « oui » à 62 %. La Constitution de la République indépendante du Tatarstan est adoptée.

La stabilisation des institutions et de la gouvernance du nouvel État russe dans les premières années de la présidence de Boris Eltsine marque cependant un deuxième coup d'arrêt : la Cour constitutionnelle de la nouvelle Fédération de Russie déclare inconstitutionnels et le référendum et la Constitution. L'État fédéral et l'État fédéré négocient ensuite un compromis. En 1994, le gouvernement russe et le gouvernement tatar signent deux traités qui définissent la répartition des compétences, et font du Tatarstan un État fédéré autonome. En 2002, la nouvelle Constitution tatare définit le Tatarstan comme une partie intégrante de la Russie, mais qui détient la puissance étatique pour tout ce qui ne relève pas expressément des compétences fédérales.

Cinq ans plus tard toutefois, dans le nouveau contexte du mouvement général de recentralisation de la Russie sous la présidence de Vladimir Poutine, le gouvernement fédéral russe ne consent qu'à un renouvellement réduit de l'autonomie tatare, pour une durée de dix ans. Puis, en 2017, Moscou décide de ne pas la renouveler. Le Tatarstan perd son autonomie et devient un État fédéré de droit commun.

II. – La souveraineté

Le degré de souveraineté de l'État est précisément ce sur quoi porte le souverainisme. *A maxima*, les souverainistes plaident pour l'indépendance de la nation, c'est-à-dire pour la pleine souveraineté et contre un pouvoir politique surplombant. *A minima*, ils aspirent à ce qu'une part substantielle des attributs de la souveraineté soit concédée, ou rétrocédée, à leur nation.

La notion de souveraineté est théorisée par le juriste français Jean Bodin, dans un contexte de guerres de Religion et de grande fragilisation du pouvoir royal (1). Bodin définit les « vraies marques de la souveraineté », dont notamment le pouvoir exclusif de faire les lois (2). On doit à un autre juriste français, Raymond Carré de Malberg, une formalisation de la distinction entre souveraineté externe et souveraineté interne (3).

1. **Aux sources de la notion de souveraineté : Jean Bodin.** – Le concept de souveraineté de l'État est théorisé par Jean Bodin à la fin du XVIe siècle. Il la définit comme « la puissance absolue et perpétuelle d'une République [...], c'est-à-dire la plus grande puissance de commander[1] ». Pourquoi traite-t-il à cette époque de la souveraineté, et pourquoi argumente-t-il en faveur de son caractère absolu ? Afin de le comprendre, il faut replacer cette œuvre et son auteur dans leur contexte, celui des guerres de Religion en France.

La première moitié du XVIe siècle est dominée par le long règne de François Ier, de 1515 à 1547, qui constitue une œuvre cohérente d'accroissement méthodique de la souveraineté royale. Déjà lors de ses premiers lits de justice, le roi s'efforce de limiter le droit de remontrance des parlements, c'est-à-dire leur droit de ne pas enregistrer les décisions royales avant d'avoir émis à leur propos des conseils et des critiques :

---

1. J. Bodin, *Les Six Livres de la République*, I, 8.

il leur déclare qu'il doit « estre obey comme roy et maistre » et qu'un parlement « n'eust auctorité que celle qu'il lui bailloit »[1]. Dès 1516, il signe avec le pape Léon X le concordat de Bologne, qui lui donne le pouvoir de nommer lui-même les abbés, les évêques et les archevêques de son royaume. En 1523, il confisque les biens de Charles III de Bourbon, duc de Bourbon et d'Auvergne, dernier grand prince féodal du royaume, qu'il rattache ensuite au domaine royal. La même année, il crée le trésor de l'Épargne afin d'améliorer la collecte et le rendement de l'impôt. En 1534, survient l'affaire des Placards : il s'agit du placardage clandestin d'un texte anticatholique, sur des lieux publics de Paris et de plusieurs villes de province, dans la nuit du 17 au 18 octobre. François Ier réagit en réaffirmant que la religion du roi s'impose à tous, en conduisant lui-même une procession expiatoire, et en lançant une vague de répressions. En 1539, il adopte l'ordonnance de Villers-Cotterêts, qui autorise uniquement l'usage de la langue française dans les actes judiciaires et notariés.

Limitation des contre-pouvoirs, souveraineté sur les affaires religieuses, expansion des terres du domaine royal, surcroît de collecte de l'impôt, unicité de la langue : l'accroissement systématique de la souveraineté royale est donc bien la tendance lourde du règne de François Ier.

Par la suite, et dans un effet de contraste très marqué, la France connaît une longue période de triple instabilité. La couronne, d'abord, est instable : quatre

1. M. Houllemare, « Relations formelles, relations informelles entre le roi et le parlement de Paris sous François Ier et Henri II », in R. Claerr, O. Poncet (dir.), *La Prise de décision en France (1525-1559)*, Paris, Publications de l'École nationale des chartes, 2008, p. 95-105.

rois se succèdent de 1547 à 1576, c'est-à-dire en approximativement autant de temps que le règne du seul François Ier. Le royaume l'est aussi : à partir de 1562, il traverse plus de trente ans de guerre civile entre le parti des protestants, nouvelle religion, et celui des catholiques, religion du roi. Troisième détraquement, l'effet conjugué d'une couronne fragile et de la guerre civile religieuse suscite le retour de flamme du pouvoir des grands nobles dans la vie politique du royaume. En particulier, le duc de Guise est le véritable chef des forces catholiques, au point de se trouver un temps en situation de s'emparer du trône.

C'est dans ce contexte que le juriste Jean Bodin écrit *Les Six Livres de la République*.

2. **« Les vraies marques de la souveraineté » et « la compétence de sa compétence » (Bodin, Jellinek).** Selon Jean Bodin, l'État exerce de manière effective, sur la population rassemblée en un territoire déterminé, une autorité politique exclusive appelée la souveraineté. La souveraineté de l'État doit être absolue, perpétuelle, indivisible, notamment pour assurer la stabilité et la pérennité du royaume au service de l'intérêt de la population. Dans le contexte de cette fin de XVIe siècle, cela signifie en pratique que tous les grands féodaux, y compris le duc de Guise, doivent obéir au souverain ; et que toutes les querelles religieuses doivent se soumettre à l'arbitrage du souverain.

Jean Bodin soutient que la souveraineté réside dans « la puissance de donner loy à tous en general, et à chacun en particulier [...] sans le consentement de plus grand, ni de pareil, ni de moindre que soy » : « à parler proprement on peut dire qu'il n'y a que ceste seule marque de souveraineté, attendu que tous les autres droits sont compris en cestui là ». Plus largement il s'efforce de définir précisément ce qu'il appelle « les vraies marques de la souveraineté » : par exemple, l'État souverain détient seul les droits de législation et de réglementation, de justice, de police, de battre monnaie, d'assujettir les citoyens à l'impôt, de légation, de lever et d'entretenir une armée, ainsi que de nommer les hauts fonctionnaires[1].

Bien après lui, au début du XXe siècle, le juriste Georg Jellinek complétera cette définition en jugeant que « la souveraineté est la capacité de se déterminer seul soi-même au point de vue juridique. L'État souverain seul peut, dans les limites qu'il a lui-même établies ou reconnues, régler en toute liberté le contenu de sa compétence ». En d'autres termes, l'État souverain a « la compétence de sa compétence » : il détermine lui-même et sans entraves les fonctions qu'il assume[2].

3. **Souveraineté externe et souveraineté interne (Carré de Malberg).** – Juriste français contemporain de Georg Jellinek, Raymond Carré de Malberg formalise quant à lui la distinction entre la souveraineté externe et la souveraineté interne de l'État.

Il reprend le caractère absolu énoncé par Jean Bodin : « La souveraineté, c'est le caractère suprême d'un pouvoir : suprême, en ce que ce pouvoir n'en admet aucun autre ni au-dessus de lui ni en concurrence avec lui. Quand donc on dit que l'État est souverain, il faut entendre par là que, dans la sphère où son autorité est appelée à s'exercer, il détient une puissance qui ne relève d'aucun autre pouvoir et qui ne peut être égalée par aucun autre pouvoir. »

---

1. J. Bodin, *Les Six Livres de la République*, I, 10.
2. G. Jellinek, *L'État moderne et son droit*, Paris, Panthéon-Assas, 2005, t. I, p. 155.

Ce caractère absolu « implique pour l'État souverain l'exclusion de toute subordination, de toute dépendance vis-à-vis des États étrangers. Grâce à la souveraineté externe, l'État a donc une puissance suprême, en ce sens que sa puissance est dégagée de toute sujétion ou limitation envers une puissance extérieure ». Aussi estime-t-il que « dans l'expression "souveraineté externe", le mot "souveraineté" est donc au fond synonyme d'indépendance ». La souveraineté interne, quant à elle, implique que « l'État possède, soit dans ses rapports avec les individus qui sont ses membres ou qui se trouvent sur son territoire, soit dans ses rapports avec tous autres groupements publics ou privés formés au-dedans de lui, une autorité suprême, en ce sens que sa volonté prédomine sur toutes les volontés de ces individus ou groupes, celles-ci ne possédant qu'une puissance inférieure à la sienne ».

Carré de Malberg juge en outre que « souveraineté externe » et « souveraineté interne » sont indissociables : « Sans doute la notion de souveraineté s'analyse en indépendance au dehors, en supériorité au-dedans de l'État[1]. »

III. – La nation

Si l'État est l'objet du souverainisme, et si son degré de souveraineté est ce sur quoi cette doctrine porte, la nation, quant à elle, est la communauté humaine au nom de laquelle le souverainisme plaide. Il a existé des « protonations » à l'époque médiévale (1). L'existence de nations est toutefois ultérieure. L'on peut en distinguer trois grandes conceptions : la nation civique (2),

1. R. Carré de Malberg, *Contribution à la théorie générale de l'État*, *op. cit.*, p. 70-72.

la nation ethnoculturelle (3), et l'approche marxiste de la nation (4).

1. **Les protonations médiévales (Smith, Hermet).** Tout au long de l'époque médiévale se développe dans la population un embryon de sentiment national, tel qu'identifié par l'historien Anthony Smith[1]. C'est généralement au contact d'un envahisseur ou d'un oppresseur que l'ennemi commun suscite, par son altérité culturelle, un sentiment d'appartenance à une identité collective mise en péril. Les Espagnols ne se sentent tels qu'une fois aux prises avec l'envahisseur arabe, les Russes ne se sentent tels qu'une fois conquis par les Mongols, les Français ne se sentent tels qu'à partir de la longue période d'invasions anglaises de la guerre de Cent Ans.

Guy Hermet distingue ainsi quatre grands cas génériques de sentiment protonational médiéval :

- les conflits entre l'espace musulman et l'espace chrétien, d'où en particulier la protonation espagnole ;
- les guerres entre grands royaumes, d'où notamment les protonations française et anglaise ;
- les jacqueries, c'est-à-dire des révoltes paysannes, qui au fil des siècles deviennent des révoltes civiques ancrées dans un sentiment d'identité collective opprimée, d'où des protonations (c'est par exemple le cas au début du XVe siècle en Bohême, où les révoltes contre la politique de colonisation germanique des terres relèvent davantage d'une protonation tchèque que d'une simple jacquerie) ;
- la Réforme protestante, d'où des protonations qui se définissent par leur religion différente de celle

1. A. D. Smith, *The Ethnic Origin of Nations*, Oxford, Basil Blackwell, 1986 ; A. D. Smith, *National Identity*, Londres, Penguin Books, 1991.

du souverain d'une grande puissance dominant leur territoire (c'est particulièrement le cas de petits États protestants du Saint-Empire romain germanique face à l'hégémonie catholique du vaste domaine des Habsbourg)[1].

Ces prodromes en restent cependant au stade protonational, car à l'époque médiévale certaines composantes indispensables à l'existence d'une nation n'existent pas encore. La notion de frontière et donc celle de territoire national n'existent pas encore : elles ne s'appliquent qu'à partir du XVIIe siècle, en particulier avec les traités de Westphalie de 1648. Quant à la conscience collective d'appartenir à une communauté nationale, elle ne se propage dans la totalité des populations qu'avec l'apparition des premières technologies de communication de masse, qui ne commencent à poindre qu'à la fin du XVIIIe siècle.

2. **La nation civique (Sieyès, Mill, Renan, Gandhi).** Le concept de « nation civique » fait reposer l'existence de la nation sur trois grands piliers : les citoyens reconnaissent son existence, ils consentent à y appartenir, et ils souhaitent que cette communauté politique qu'ils forment ensemble continue d'exister. On doit sa théorisation, notamment, à l'abbé Sieyès en 1789 (A), à Ernest Renan après la guerre franco-prussienne de 1870 (B), et à Mohandas Karamchand Gandhi dans le cadre du souverainisme indien (C).

(A) *La nation-contrat de l'abbé Sieyès et de John Stuart Mill.* – Quelques mois avant que le roi de France Louis XVI ne convoque les États généraux à Versailles,

1. G. Hermet, *Histoire des nations et du nationalisme en Europe*, Paris, Seuil, 1996, p. 42-66.

l'abbé Sieyès publie en janvier 1789 un bref manifeste intitulé *Qu'est-ce que le Tiers-État ?*.

L'abbé Sieyès a toutefois au moins un prédécesseur : lors des États généraux de 1484, consacrés à organiser la régence pendant la minorité du roi, Philippe Pot, grand sénéchal de Bourgogne, soutient que le pouvoir politique appartient en réalité au peuple, qu'il n'est que dévolu au roi, et que c'est donc à l'assemblée des États généraux d'organiser elle-même le gouvernement de régence. Il reste cependant isolé, à l'époque, dans ce plaidoyer avant-gardiste pour ce qui s'appellera ultérieurement la souveraineté du peuple[1].

Toujours est-il qu'en 1789, le manifeste de Sieyès affirme que la souveraineté doit appartenir au peuple, dans cette formulation devenue célèbre : « Qu'est-ce que le Tiers-État ? Tout. Qu'a-t-il été jusqu'à présent dans l'ordre politique ? Rien. Que demande-t-il ? À devenir quelque chose. » C'est le travail collectif du peuple qui fait la prospérité du pays, de sorte que le peuple constitue à lui seul la nation : « Le Tiers-État est une nation complète. » Les deux ordres privilégiés, noblesse et clergé, sont quant à eux jugés foncièrement parasitaires. Leurs députés ne représentent que les intérêts privilégiés d'une infime minorité, alors que ceux du Tiers-État représentent la nation entière[2].

La nation théorisée par l'abbé Sieyès ne repose donc sur aucun critère ethnoculturel, tel que la langue, la religion ou les traditions. Elle est une communauté politique contractuelle. Dans le premier chapitre de

1. J.-F. Lassalmonie, « Un discours à trois voix sur le pouvoir : le roi et les états généraux de 1484 », in D. Boutet, J. Verger (dir.), *Penser le pouvoir au Moyen Âge (VIIIe-XVe siècle). Études d'histoire et de littérature offertes à Françoise Autrand*, Paris, Éditions Rue d'Ulm, 2000, p. 127-155.

2. E.-J. Sieyès, *Qu'est-ce que le Tiers-État ?*, 1789, chap. I.

son manifeste, il la définit d'ailleurs uniquement comme un « corps d'associés vivant sous des lois communes et représentés par la même législature ». Et de répéter, au chapitre II : « Une loi commune et une représentation commune, voilà ce qui fait une nation. »

L'importance doctrinale et politique de ce texte est considérable : à peine publié, il est repris tel quel comme argumentaire politique par les députés du Tiers-État lors du premier acte de la Révolution française, à savoir le remplacement de la souveraineté royale fondée sur la tradition par la souveraineté nationale fondée sur une nation civique contractuelle.

Le 6 mai 1789, les États généraux commencent à siéger à Versailles, par ordre, chacun dans sa salle. Référence historique en forme d'avertissement, la salle des députés du Tiers-État prend le nom de « Communes », allusion à la monarchie parlementaire anglaise. La noblesse compte 330 députés, le clergé 326, le Tiers-État 661. Un désaccord éclate immédiatement sur la façon de débattre et voter, et à travers cela, sur la nature même du régime politique. D'un côté, les députés du Tiers-État veulent le vote par tête et mettre tous les représentants des trois ordres dans la même salle, ce qui les rendrait eux-mêmes immédiatement majoritaires en voix. Leur plaidoyer reprend l'argumentation de Sieyès. De l'autre côté, les députés de la noblesse et du clergé entendent conserver la tradition du vote par ordre, selon laquelle la majorité des voix des députés est requise dans chacun des trois ordres pour approuver une décision : ainsi les privilèges de la noblesse et du clergé resteraient protégés, par deux ordres contre un.

Le 10 juin, Sieyès, lui-même député, conduit les représentants du Tiers-État à proposer à tous ceux des deux autres ordres qui le veulent de les rejoindre pour débattre et voter dans la même salle. La manœuvre réussit. Des nobles et des membres du clergé, pauvres ou acquis aux idées des Lumières, brisent les rangs de leur ordre et rejoignent la salle du Tiers-État. Le 17 juin, à nouveau sur proposition de Sieyès, ces députés se proclament « Assemblée nationale ». Près d'un mois avant la prise de la Bastille, c'est en soi une révolution, car à lui seul, cet acte abolit les trois ordres, abolit la souveraineté absolue du roi fondée sur la tradition, proclame la souveraineté de la nation fondée sur la souveraineté du peuple, et crée une assemblée pour la représenter.

Le 20 juin, l'Assemblée nationale se réunit dans la salle du Jeu de paume à Versailles et y prononce le serment du même nom. Les députés jurent de ne pas se séparer avant d'avoir rédigé une constitution pour la nation. Les jours suivants, de plus en plus de députés des deux autres ordres font défection pour aller siéger à leurs côtés. Le 23, Louis XVI ordonne de disperser l'assemblée. Le marquis de Dreux-Brézé, grand maître des cérémonies, remet cet ordre au doyen du Tiers-État, l'astronome Jean-Sylvain Bailly, qui au nom de ses pairs refuse d'obtempérer. Le roi recule, l'Assemblée nationale continue de siéger. C'est le début de la Révolution française : l'Ancien Régime, fondé sur les traditions, est remplacé par une monarchie constitutionnelle et parlementaire, fondée sur la souveraineté nationale.

La Déclaration des droits de l'homme et du citoyen est adoptée huit semaines plus tard, le 26 août 1789. C'est une proclamation solennelle de la nation-contrat et de la souveraineté nationale fondée sur la souveraineté des citoyens. L'article 3 énonce que « le principe de toute souveraineté réside essentiellement dans la nation ». L'article 6 proclame la souveraineté du peuple : « La loi est l'expression de la volonté générale. Tous les citoyens ont droit de concourir personnellement, ou par leurs représentants, à sa formation. »

C'est sans nul doute sous l'influence des grands penseurs des Lumières que le concept de nation-contrat, de nation civique, a été imaginé en France. Il s'ajoute cependant à ce motif une raison d'ordre démographique : la France en cette fin de XVIIIe siècle *n'est pas* homogène d'un point de vue ethnoculturel. En particulier, elle n'est radicalement pas homogène du point de vue linguistique : on y parle alors au moins une douzaine de langues différentes, dont le breton, le provençal ou encore l'occitan. En 1794, l'abbé Grégoire présente à ce sujet à la Convention, c'est-à-dire l'Assemblée nationale de l'époque, son *Rapport sur la nécessité et les moyens d'anéantir les patois et d'universaliser l'usage de la langue française*, qui, après une vaste enquête de terrain, conclut que sur 28 millions de Français, moins de 3 parlent le français. Fonder la nation française sur des critères ethnoculturels se serait donc heurté à la réalité démographique fortement bigarrée des populations du royaume. À l'inverse, il était plus réaliste de définir d'emblée la nation française comme une communauté politique contractuelle entre citoyens, indépendamment de toute considération ethnoculturelle.

Cela étant, en toute rigueur, la nation-contrat n'est en aucun cas une théorie exclusivement française. Cette idée d'un libre contrat social irrigue en particulier le libéralisme politique anglais. Par exemple, John Stuart Mill, philosophe et économiste libéral considérablement influent du XIXe siècle, soutient qu'une nation existe parce que ses membres « désirent vivre sous le même gouvernement, et désirent être gouvernés par eux-mêmes ou exclusivement par une partie d'eux-mêmes[1] ».

(B) *Le « plébiscite de tous les jours » d'Ernest Renan.* Tout comme la nation-contrat de Sieyès, la théorisation par Ernest Renan d'une nation fondée sur un « plébiscite de tous les jours » s'explique par le contexte des grandes convulsions politiques de son temps. En substance, elle est une riposte intellectuelle à la vision ethnoculturelle de la nation, qui a servi à justifier l'annexion allemande de l'Alsace-Moselle[2].

En 1862, le roi de Prusse nomme Otto von Bismarck à la tête du gouvernement prussien et de sa diplomatie. Le 30 septembre, ce dernier expose ses plans sans ambages à la chambre des Représentants : « Les grandes questions de notre temps ne se décideront pas par des discours et des votes à la majorité, mais par le fer et le sang. » La concrétisation de l'unification nationale allemande par la voie militaire sera ensuite accomplie au moyen de trois guerres en six ans.

En 1864, lors de la guerre des Duchés, la Confédération germanique, association d'États germanophones qui inclut la Prusse, l'Autriche et plusieurs petits États, déclare la guerre au Danemark pour empêcher ce dernier de prendre le contrôle de trois duchés germaniques, qu'il réclame du fait de droits dynastiques. Puis la convention de Gastein partage le contrôle des duchés entre la Prusse et l'Autriche.

---

1. J. S. Mill, *Utilitarianism, Liberty and Representative Government*, Londres et New York, J. M. Dent & Sons, E. P. Dutton & Co., 1910, p. 359-366.

2. Les contemporains de cette annexion parlent d'Alsace-Lorraine. L'appellation d'Alsace-Moselle est employée par la science historique pour désigner précisément le territoire concerné, car en réalité il incluait la Moselle mais n'incluait pas la totalité de la Lorraine.

En 1866, la guerre allemande (*Deutscher Krieg*), ou guerre austro-prussienne, règle la question du *leadership* sur le monde germanique : la défaite autrichienne est actée lors de la bataille de Sadowa. La Confédération germanique est dissoute et la Prusse crée, avec les États germaniques du nord, la Confédération d'Allemagne du Nord, ayant pour chef d'État le roi de Prusse. C'est la victoire de l'option « petite allemande », soit l'unification allemande sans l'Autriche.

La France, alors dirigée par l'empereur Napoléon III, réagit à cette victoire prussienne en exigeant de Bismarck une compensation territoriale, au nom de l'équilibre des puissances en Europe. Pour l'isoler en vue d'une guerre prochaine, Bismarck révèle alors aux gouvernants de la Belgique et du Royaume-Uni les exigences de Napoléon III, lesquelles consistent à annexer la Belgique et le Luxembourg. Puis il provoque le gouvernement et l'opinion publique de la France en adressant aux chancelleries étrangères la « dépêche d'Ems », récit d'une entrevue entre le roi de Prusse et l'ambassadeur de France, qui la présente comme une humiliation du second par le premier. La France déclare la guerre à la Prusse. L'armée française est mise en déroute. Napoléon III capitule. En application de la vision ethnoculturelle de la nation allemande, Bismarck annexe l'Alsace et la Moselle, qu'il considère être des terres germanophones. La Prusse et les autres États germaniques fondent ensemble l'Empire allemand, avec Guillaume Ier pour souverain et Bismarck pour chancelier.

L'effondrement politique de la France du Second Empire est total. Des insurgés proclament la IIIe République à l'Hôtel de Ville de Paris. La révolution anarchiste de la Commune éclate à Paris, d'où une guerre civile entre communards et versaillais, gagnée par ces derniers, sous la menace des troupes prussiennes. Afin de traiter avec un gouvernement incontestablement légitime, Bismarck exige la tenue d'élections, remportées par les monarchistes. S'ensuivent la signature de la paix humiliante du traité de Francfort, l'échec de la tentative du Parlement français à majorité monarchiste de rétablir une monarchie constitutionnelle et, en 1875, le compromis entre parlementaires monarchistes et républicains actant que le régime de la France est une République parlementaire (que les monarchistes croient provisoire).

C'est dans ce contexte qu'en 1882 Ernest Renan prononce en Sorbonne sa conférence *Qu'est-ce qu'une nation ?*. Vingt ans avant cette conférence, il est nommé professeur d'hébreu au prestigieux Collège de France. Il est toutefois suspendu après moins d'une semaine pour injure à la foi chrétienne après avoir publié sa *Vie de Jésus*, immense succès d'édition, qui présente l'originalité d'examiner la figure de Jésus de Nazareth comme personnage historique et simple être humain. Sous le Second Empire, il compte parmi les partisans des conceptions ethnoculturelles, voire racistes, très courantes à l'époque. Il écrit ainsi que « la race sémitique comparée à la race indo-européenne représente réellement une combinaison inférieure de la race humaine[1] ». Il compte aussi parmi les partisans d'une nation fondée sur la légitimité dynastique[2].

La catastrophe militaire et politique de 1870 lui fait cependant progressivement réviser son jugement. Dans une lettre du 13 septembre 1870, il écrit que,

1. E. Renan, *Œuvres complètes*, Paris, Calmann-Lévy, 1947, t. III, p. 145.
2. G. Hermet, *Histoire des nations et du nationalisme en Europe*, Paris, Seuil, 1996, p. 129-130.

« dès que l'on a rejeté le principe de la légitimité dynastique, il n'y a plus, pour donner une base aux délimitations territoriales des États, que le droit des nationalités[1] ». Surtout, après l'annexion allemande de l'Alsace-Moselle, il cherche des arguments à opposer à la conception allemande de la nation, qui est ethnoculturelle, bien que lui-même y ait adhéré plusieurs décennies durant. Pour autant, l'idée très répandue qu'avec la formule célèbre du « plébiscite de tous les jours » Ernest Renan aurait théorisé une nation-contrat qui s'opposerait à la nation allemande de la langue et du droit du sang est en réalité fausse. Ses convictions conservatrices excluent en effet qu'il reprenne tel quel le concept d'une nation fondée sur la souveraineté du peuple développé par l'abbé Sieyès[2].

Aussi sa conférence de 1882 est-elle, en réalité, une position médiane entre la nation-contrat politique du Français Sieyès et la nation ethnoculturelle, organique, des grands penseurs allemands de la question nationale de la fin du XVIIIe et du début du XIXe siècle. La nation est « une âme, un principe spirituel. [...] Une nation est donc une grande solidarité, constituée par le sentiment des sacrifices qu'on a faits et de ceux qu'on est disposé à faire encore. Elle suppose un passé ; elle se résume pourtant dans le présent par un fait tangible : le consentement, le désir clairement exprimé de continuer la vie commune. L'existence d'une nation est (pardonnez-moi cette métaphore) un plébiscite de tous les jours[3] ». Ce « plébiscite de tous les jours » n'est ni un vote ni un référendum. Ce que décrit Ernest Renan

1. E. Renan, *Qu'est-ce qu'une nation ?*, Paris, Presses Pocket, 1992, p. 120.
2. G. Hermet, *Histoire des nations et du nationalisme en Europe*, *op. cit.*, p. 131-132.
3. E. Renan, *Qu'est-ce qu'une nation ?*, *op. cit.*, p. 54-55.

relève en fait d'un consentement implicite et diffus, fondé à la fois sur la mémoire collective d'une nation, sur l'envie commune qu'elle continue d'exister et sur les sacrifices que les citoyens sont prêts à consentir pour elle (en particulier mourir à la guerre).

Reste que, en donnant cette conférence, dont le retentissement dans le débat d'idées en France et en Europe sera immense, Ernest Renan devient le théoricien et l'intellectuel organique de la légitimité politique des revendications françaises sur l'Alsace-Moselle. Incidemment, il théorise ainsi une nation civique fondée à la fois sur l'adhésion implicite présente du peuple et sur sa mémoire collective.

(C) *La nation démocratique de Gandhi.* – La plupart du temps, la littérature scientifique consacrée au concept de nation pose un problème d'ethnocentrisme, puisqu'elle a la fâcheuse tendance à ne voir dudit concept que ses mutations sur le continent européen. La nation démocratique proposée par Mohandas Karamchand Gandhi est pourtant un bon exemple d'une conception extra-européenne de la nation, originale et spécifiquement indienne. Fondée sur la démocratie, le fédéralisme et l'harmonie non violente, elle exclut les critères ethnoculturels tels que la religion ou la langue.

C'est dès 1909 que Gandhi théorise sa définition de la nation, dans son manifeste dont le titre, *Hind Swaraj*, peut être traduit par « Inde souveraine », son pays étant à l'époque sous domination coloniale britannique. Comme Ernest Renan en France vingt-sept ans auparavant, il considère que la nation indienne existe du simple fait du sentiment collectif populaire de son existence, et d'y appartenir. Pour parler de nation, il utilise d'ailleurs délibérément le terme hindi *praja*, qui renvoie à l'idée de communauté humaine, au lieu du terme *rashtra*, qui renvoie davantage aux institutions de pouvoir politique.

Il récuse tout critère religieux qui définirait l'identité nationale indienne, au motif de la diversité confessionnelle de la population. « L'Inde ne saurait cesser d'être une nation du simple fait que des gens de religions différentes y vivent[1] », écrit-il. Selon lui, la nation indienne devrait être un État-nation laïque, car la religion doit relever strictement de la liberté individuelle[2]. Par conséquent, l'Inde indépendante doit n'avoir aucune religion officielle, traiter toutes les communautés religieuses sur un pied d'égalité et protéger le droit à l'existence de toutes les croyances[3].

Il récuse également l'idée ethnoculturelle qu'une langue serait consubstantielle à l'identité nationale de l'Inde. D'un point de vue purement pragmatique, il préconise qu'en remplacement de l'anglais, langue hégémonique et coloniale, l'hindi devienne la langue commune officielle, la *lingua franca*, de l'Inde indépendante. Il pense cependant que l'harmonie nationale nécessite que chaque Indien apprenne au moins une autre langue indienne que la sienne. Par exemple, un Indien du Nord devrait apprendre au moins une langue du Sud, et réciproquement[4]. Plus largement, il ne saurait y avoir ni unicité ethnique ni domination d'une ethnie

1. M. K. Gandhi, *Hind Swaraj*, Ahmedabad, Navajivan Publishing House, 2005 (rééd.), p. 42-43.
2. E. Hazama, « The Paradox of Gandhian Secularism : The Metaphysical Implication Behind Gandhi's "Individualization of Religion" », *Modern Asian Studies*, vol. 51, n° 5 (septembre 2017), p. 1394-1438.
3. A. Copley, « Indian Secularism Reconsidered : From Gandhi to Ayodhya », *Contemporary South Asia*, vol. 2, n° 1 (1993), p. 47-65.
4. M. K. Gandhi, *Hind Swaraj*, *op. cit.* ; voir aussi A. J. Parel, « Gandhi's Idea of Nation in Hind Swaraj », *Gandhi Marg*, n° 13 (1991), p. 261-282.

sur les autres. L'Inde doit au contraire être régie par la coexistence harmonieuse entre tous les groupes ethniques, raison pour laquelle, dès 1924, l'une des grèves de la faim de Gandhi a pour objet la réconciliation entre hindous et musulmans[1].

À ces convictions pour une nation indienne civique et laïque s'ajoute sa conception de la souveraineté démocratique. Selon lui, l'ordre politique idéal est une société sans État, où la sobriété générale et la non-violence totale permettent une harmonie sociale parfaite qu'il qualifie d'« anarchie éclairée ». Il est toutefois conscient que cette société idéale est infaisable dans l'Inde de son temps. À défaut, il préconise que la démocratie indienne soit une *Gram Swarajya* : une démocratie radicalement décentralisée, très fortement fédérale, dont chacun des 700 000 villages de l'Inde serait une République fédérée. La nation démocratique voulue par Gandhi peut ainsi être définie d'une part comme un État laïque et multiethnique, et d'autre part comme une vaste fédération démocratique de petites communautés humaines autonomes, où l'harmonie est rendue possible par un principe de non-violence absolue, et sans aucun critère ethnoculturel d'identité nationale[2].

Cette théorie gandhienne de la nation démocratique aura sur le système politique de l'Inde indépendante, proclamée en 1947, une influence décisive :

- l'Inde est effectivement devenue un État laïque ;
- l'hindi est effectivement devenu la langue officielle, la *lingua franca*, de l'Inde, même si l'anglais est resté langue officielle à ses côtés ;

1. A. Copley, « Indian Secularism Reconsidered : From Gandhi to Ayodhya », art. cité, p. 47-65.
2. M. S. Chaturvedi, S. Rai, « Democracy. The Gandhian Paradigm », *The Indian Journal of Political Science*, vol. 69, n° 2 (avril-juin 2008), p. 249-260.

– la diversité des langues est protégée, de sorte qu'une vingtaine de langues ont un statut officiel, dont par exemple le marathi, parlé de nos jours par 7 % de la population, ce qui équivaut à l'intégralité de la population française ;
– l'Inde pratique effectivement le fédéralisme démocratique, avec une grande diversité sociodémographique, politique et culturelle des États fédérés, dont la population varie de 600 000 à 200 millions d'habitants, sans aller toutefois jusqu'à la fédération de 700 000 villages imaginée par Gandhi.

3. **La nation ethnoculturelle (Herder, Fichte, le Nihonjinron).** – Le concept de nation ethnoculturelle s'oppose dans ses fondements mêmes à celui de nation civique. La nation ethnoculturelle est une communauté organique censément née avant que n'apparaisse un État pour la rassembler. Elle est donc culturelle avant d'être politique. Cette vision a été forgée en particulier dans le monde germanique, ses théoriciens les plus éminents étant Johann Gottfried Herder (A) et Johann Gottlieb Fichte (B). On la trouve cependant dans d'autres cultures : c'est particulièrement vrai du Japon (C).

(A) *La nation culturelle de Herder.* – À la fin du XVIIIe siècle, plusieurs intellectuels et lettrés plaident pour l'union des peuples germaniques dans un État-nation allemand. C'est notamment le cas de Johann Gottfried Herder dans ses *Idées sur la philosophie de l'histoire de l'humanité*, publiées de 1784 à 1791.

Poète, théologien et philosophe, Johann Gottfried Herder vit dans un monde germanique qui, au XVIIIe siècle, est morcelé en un grand nombre de petits États, hormis les possessions autrichiennes des Habsbourg et le royaume de Prusse. Le tout est regroupé dans une organisation politique aux liens très lâches, le Saint-Empire romain germanique. C'est le temps de la *Kleinstaaterei*, c'est-à-dire le morcellement territorial extrême du monde germanique.

Herder devient l'un des grands auteurs du mouvement littéraire *Sturm und Drang* (« Tempête et passion »). Dans le contexte de l'hégémonie française sur les Lumières, ce mouvement artistique précurseur du romantisme se caractérise par la subjectivité individuelle et le libre cours donné aux émotions extrêmes, par opposition à la prédilection des Lumières françaises pour le rationalisme. Similairement, en matière de concepts politiques, Herder devient le théoricien de la nation subjective culturelle, par opposition à la nation-contrat politique de l'abbé Sieyès, dont il est contemporain.

Dans ses *Idées sur la philosophie de l'histoire de l'humanité*, il affirme que « la Providence a admirablement séparé les nations, non seulement par des forêts et des montagnes, mais surtout par les langues, les goûts et les caractères[1] ». De même que « la société est l'état naturel de l'homme », l'état naturel de l'humanité est la « nation avec un caractère distinctif qu'elle puisse conserver pendant des siècles [...]. Une nation est aussi bien une plante naturelle qu'une famille »[2]. Il exprime ainsi un rejet catégorique de la nation universaliste et en quelque sorte « a-culturelle » des Lumières françaises, mais aussi la nation civique fondée sur un contrat politique entre citoyens. Toute nation est selon lui une communauté organique naturelle avec sa langue, ses traditions, ses arts, sa culture. À cet égard, il juge que les grands empires, les grands États, réalisent « un mélange bizarre de races et de

1. J. G. Herder, *Idées sur la philosophie de l'histoire de l'humanité*, trad. E. Quinet, éd. M. Crépon, Paris, Presses Pocket, 1991, p. 135.
2. *Ibid.*, p.165-173.

nations sous un sceptre unique ». En creux, il plaide donc pour que la carte politique des États vienne coïncider avec la carte culturelle des nations[1].

(B) *Le* Discours à la nation allemande *de Fichte.* Professeur de philosophie, Johann Gottlieb Fichte est contemporain de Herder, quoiqu'il appartienne à la génération suivante des grands penseurs de la nation ethnoculturelle. Il compte initialement parmi les ardents soutiens à la Révolution française, en particulier contre la censure et les privilèges de naissance. Les premières années du XIXe siècle sont toutefois marquées par les humiliations accumulées infligées au monde germanique durant les guerres napoléoniennes : les armées autrichiennes et prussiennes ont été écrasées à Iéna en 1806 ; Napoléon Ier a démantelé le Saint-Empire romain germanique, lui substituant une sorte d'Allemagne de l'Ouest, la « Confédération du Rhin », théoriquement souveraine mais en réalité vassale de l'Empire français.

C'est dans ce contexte que Fichte publie en 1807 son *Discours à la nation allemande.* Il propose de réagir à ces humiliations en unifiant la nation allemande qui existe déjà culturellement. Comme Herder auparavant, il soutient que la nation est culturelle et préexiste à l'État. Il affirme l'existence de « traits caractéristiques des Allemands en tant que peuple originel, et en tant que peuple qui a le droit de se désigner purement et simplement comme le peuple, par opposition aux autres lignées qui se sont détachées de lui[2] ».

En revanche, l'idée d'opposer une nation culturelle selon Fichte, en quelque sorte constatée organiquement, à une nation civique qui serait celle de Renan, issue de

---

1. *Ibid.*
2. J. G. Fichte, *Discours à la nation allemande*, éd. et trad. A. Renaut, Paris, Imprimerie nationale, 1992, p. 229.

la volonté collective d'être une nation, est aussi fausse qu'elle est très largement répandue. D'une part, nous avons vu qu'en réalité, selon Renan, une dimension culturelle, en particulier la mémoire collective des sacrifices passés, s'ajoute au souhait que la communauté nationale continue d'exister. D'autre part, réciproquement, Fichte, contrairement à Herder, appelle expressément les Allemands à créer leur État-nation unifié, ce qui signifie que l'existence pleine et entière de la nation allemande doit être le fruit d'un acte volontaire collectif. La nation fichtéenne est donc un projet politique collectif de création d'un État, à partir d'une réalité ethnoculturelle, afin que l'unité politique coïncide avec l'unité culturelle.

(C) *La nation ethnoculturelle japonaise (le Kokugaku et le Nihonjinron).* – Le problème de l'ethnocentrisme européen dans l'étude du concept de nation, déjà évoqué pour le cas de la nation civique, se pose également pour celui de la nation ethnoculturelle. Le Japon offre à cet égard un cas éclairant de mouvements culturels extra-européens très amples visant à affirmer l'existence d'une nation et son unicité, et ce, dès le XVIe siècle.

Le Kokugaku (国学) est un mouvement culturel de la période d'Edo. Cette démarche de redécouverte et de compilation de textes japonais ancestraux a pour but de prouver l'existence d'une nation culturelle japonaise antérieure à l'immense influence de la culture chinoise. Quatre grands lettrés des XVIe et XVIIe siècles jouent un rôle pionnier pour tirer de ce travail une définition de l'identité culturelle japonaise, et de son unicité. Il s'agit de Kada no Azumamaro, de Kamo no Mabuchi, de Motoori Norinaga et de Hirata Atsutane[1].

1. Minamoto R., *Tokugawa Shisō Shōshi*, Tokyo, Chūkō Shinsho, 1973, p. 178.

Au XIXe siècle, leurs lointains successeurs, notamment Konakamura Kiyonori, synthétisent leurs travaux dans un tout cohérent : une entreprise de définition de l'identité culturelle japonaise ancestrale[1].

Le Nihonjinron (日本人論) est un mouvement culturel ultérieur, concernant essentiellement les sciences humaines, et qui vise à son tour à identifier, exposer, analyser les éléments constitutifs de l'identité nationale japonaise. Connaissant son apogée après la Seconde Guerre mondiale, il repose sur quelques grandes thèses. Le peuple japonais est unique au monde du simple fait de son isolement géographique insulaire, plusieurs fois millénaire[2]. Le climat de l'archipel japonais, le *fūdo* (風土), est unique au monde : son harmonie particulière conduit la culture japonaise à rester très proche de la nature[4]. La langue japonaise a développé une grammaire, un corpus lexical, une syntaxe, des expressions idiomatiques uniques au monde. Le japonais a la spécificité d'être une langue particulièrement allusive. Il s'ensuit que le peuple japonais a une façon unique au monde de penser et d'exprimer les choses[5]. La psychologie du peuple japonais est fondée sur un idéal unique au monde de relations humaines et sociales, qui suppose que ses individus fusionnent dans l'harmonie collective[6]. La société japonaise est fondée sur le respect de la verticalité des rapports sociaux, le respect du clan et le respect

1. S. L. Burns, *Before the Nation*, Durham, Duke University Press, 2003, p. 199.
2. Watanabe S., *Nihongo no kokoro*, Tokyo, Kōsansha Gendai Shinsho, 1954.
4. Watsuji T., *Fūdo*, Tokyo, Iwanami Shoten, 1935.
5. Suzuki T., *Kotoba no ningengaku*, Tokyo, Shinchō Bunko, 1981, p. 109.
6. P. N. Dale, *The Myth of Japanese Uniqueness*, Londres et Sydney, Nissan Institute et Croom Helm, 1986, p. 116-175 et 201.

dû aux parents : pour son propre bien, l'individu doit donc se soumettre au groupe (*shūdan-shugi*, 集団主義)[1].

De fait, la prédominance depuis plusieurs siècles de la conception ethnoculturelle de la nation dans la vie culturelle et le débat d'idées du Japon a conduit à ce que l'existence d'une identité nationale culturelle y fasse l'objet d'un très large consensus. À titre d'illustration, encore de nos jours, lorsque le débat politique nippon traite de réformes constitutionnelles, l'argument de l'identité nationale bafouée par une Constitution dictée par les États-Unis revient systématiquement sur la table.

4. **La conception marxiste de la nation.** – Du point de vue de l'analyse marxiste, toute nation se résume à la croyance, individuelle ou collective, en l'existence d'une communauté politique imaginaire (A). Le marxisme sera ou ne sera pas en faveur du souverainisme pour une nation selon que son indépendance ou son autonomie sert ou dessert la lutte révolutionnaire du prolétariat (B).

(A) *La croyance en une communauté imaginaire (Renner, Anderson).* – Selon que l'on se réfère, notamment, à l'école austro-marxiste ou bien aux travaux de l'historien marxiste Benedict Anderson, la nation constitue une croyance, qui peut aussi bien être individuelle que collective.

Karl Renner est un homme politique autrichien socialiste de la fin du XIXe et de la première moitié du XXe siècle. C'est aussi, en parallèle de sa carrière politique, un théoricien du droit et le principal représentant, avec Otto Bauer, de l'école austromarxiste. Dans son ouvrage *État et nation* publié en

1. *Ibid.*, p. 100.

1899[1], il écrit que la nation relève d'une croyance *individuelle* en l'appartenance à une communauté politique. La nationalité serait donc comparable à l'appartenance officielle à une confession religieuse : dans les deux cas, c'est un statut juridique qui découle d'une croyance déclarée. Renner propose que tout individu adulte soit libre de choisir lui-même et librement sa nationalité, comme on doit pouvoir choisir librement sa religion. Ceci doit permettre de dissocier l'État des nationalités, et ainsi de rendre possible la coexistence d'un nombre illimité de nationalités dans un État qui serait multinational ou, dans une perspective marxiste, un État communiste en quelque sorte « a-national »[2].

Benedict Anderson est quant à lui un historien et politologue de la seconde moitié du xxe siècle. Son ouvrage *Imagined Communities*, publié en 1983, est une analyse marxiste de la nation, qu'il définit comme une croyance *collective* en l'existence d'une « communauté politique imaginaire[3] ». Les identités nationales sont, d'une part, le résultat de la diffusion de masse de textes imprimés grâce aux premières technologies de communication de masse ; et, d'autre part, le résultat des stratégies d'homogénéisation culturelle déployées délibérément par les États pour se constituer une nouvelle légitimité, nationale, à présent que les légitimités traditionnelles, religieuses et dynastiques ne fonctionnent plus.

---

1. K. Renner, *Staat und Nation*, Vienne, Josef Dietl, 1899.
2. S. Pierré-Caps, « Karl Renner et l'État multinational : contribution juridique à la solution d'imbroglios politiques contemporains », *Droit et société*, 1994, n° 27, p. 421-441.
3. B. Anderson, *Imagined Communities*, Londres et New York, Verso, 1991 (rééd.), p. 6.

(B) *La nation, instrument ou obstacle pour la lutte révolutionnaire (Marx, Engels).* – Pour Karl Marx, la nation moderne est une société reposant sur l'intégration d'une superficie et d'une population relativement vastes, réalisée grâce à une forte industrie, à des communications et des transports de masse, et à l'existence d'un marché national unique. Traditions, valeurs, éléments d'identité culturelle, tout cela est la résultante du développement économique, c'est-à-dire le produit des relations de classes. Ces dernières étant différentes d'une nation à l'autre, les identités nationales diffèrent également. Marx conçoit en outre une théorie de la « classe nationale », qui veut qu'à chaque période de l'histoire d'un peuple, une classe serve les intérêts généraux de la nation en servant ses intérêts particuliers. Un jour, le prolétariat deviendra à son tour la « classe nationale ». Il réalisera la société communiste sans classes, que le développement économique rend faisable et qui est dans l'intérêt de toute la nation.

En 1882, dans une lettre à Eduard Bernstein, Friedrich Engels explique, à propos d'un soulèvement dans les Balkans, que la libération du prolétariat d'Europe occidentale est la priorité absolue, supérieure à toute autre cause, y compris la cause de n'importe quelle lutte de libération nationale. « À la veille d'une révolution mobilisatrice en vue, ils provoquent une guerre entre la France et l'Allemagne, [...] et retardent ainsi l'heure de la Révolution », reproche-t-il. Karl Kautsky, lui-même théoricien marxiste et qui sera l'un des exécuteurs testamentaires d'Engels, commente : « Le droit d'autodétermination des peuples se voit subordonné aux exigences de l'évolution sociale générale, dont la lutte de classes prolétarienne constitue la force motrice principale[1]. »

En d'autres termes, le marxisme en général, Karl Marx en particulier, a un rapport purement instrumental à la souveraineté de la nation. L'accession d'une nation à l'autonomie ou à l'indépendance n'est jamais un but en soi. Elle n'est pertinente qu'au service de la lutte révolutionnaire. Exemple caractéristique : lors des mouvements révolutionnaires européens de 1848, Karl Marx soutient la révolution hongroise, qui entend fonder une république, mais condamne le soulèvement souverainiste des Tchèques et des Croates, car il les juge manipulés par l'Empire russe réactionnaire[2].

***

Le souverainisme, nous l'exposions d'emblée, est une doctrine politique prônant l'indépendance d'une nation, son autonomie ou un surcroît d'autonomie par rapport à un échelon de pouvoir qui la surplombe. En bonne logique, ses concepts fondamentaux sont donc l'État, qui est son moyen institutionnel et juridique, la souveraineté, qui est son but, et la nation, qui est la communauté humaine au nom de laquelle il plaide.

1. M. Rodinson, « Le marxisme et la nation », *L'Homme et la société*, n° 7, 1968, numéro spécial du 150e anniversaire de la mort de Karl Marx, p. 132.
2. M. Rodinson, « Le marxisme et la nation », art. cité, p. 133-134.

CHAPITRE II

Théorie générale du souverainisme

> « Au point de vue politique, il n'y a qu'un seul principe, la souveraineté de l'homme sur lui-même. Cette souveraineté de moi sur moi s'appelle Liberté. Là où deux ou plusieurs de ces souverainetés s'associent commence l'État. »
>
> Victor HUGO

Dans le chapitre précédent, nous avons exposé les concepts qui forment ensemble les bases fondamentales du souverainisme : l'État, la souveraineté, la nation. Nous pouvons donc, sur cette base, établir une théorie générale du concept de souverainisme.

Nous avons vu que la façon d'appréhender et de définir la nation varie : civique, ethnoculturelle, marxiste. Il existe par conséquent au moins trois types de souverainisme, selon la conception de la nation qui les sous-tend : souverainisme ethnoculturel, souverainisme civique, souverainisme marxiste-révolutionnaire. Nous verrons cependant qu'il en existe un quatrième : le souverainisme économique.

I. – Le souverainisme civique

Une fois donnée la définition du souverainisme civique (1), nous étudierons le souverainisme des

Treize Colonies, futurs États-Unis d'Amérique, face à l'Empire colonial britannique (2). Cette étude de cas, complétée par l'examen des souverainismes d'Afrique, permet de constater ceci : en règle générale, le souverainisme est civique lorsque la nation défendue est fortement hétérogène d'un point de vue ethnoculturel.

1. **Définition du souverainisme civique.** – Le souverainisme civique adhère à l'idée de nation telle qu'elle fut théorisée, notamment, par l'abbé Sieyès, Ernest Renan ou Mohandas Karamchand Gandhi. Il définit la nation au nom de laquelle il plaide comme une communauté politique de citoyens, qui reconnaissent son existence, consentent à y appartenir et veulent collectivement qu'elle continue d'exister.

De ce fait, le souverainisme civique est une doctrine prônant l'indépendance, l'autonomie ou un surcroît d'autonomie, pour une nation considérée comme une communauté politique contractuelle entre citoyens, contre un échelon de pouvoir qui la surplombe.

2. **Étude de cas du souverainisme civique de la révolution américaine.** – Fondées entre le début du XVIIe siècle et le premier tiers du XVIIIe siècle, les Treize Colonies du Royaume-Uni sont déployées le long de la façade atlantique de l'Amérique septentrionale. À la veille de la révolution américaine, leur population compte un peu plus de 2 millions d'habitants. La majorité des colons est anglaise, mais de fortes minorités ont d'autres origines, notamment allemandes, suisses, hollandaises, irlandaises, écossaises, françaises. Les colonies comptent approximativement un demi-million d'Afro-Américains, essentiellement des esclaves. Longtemps appelés « Indiens d'Amérique », les peuples

autochtones habitant les Treize Colonies sont peu nombreux, de l'ordre de 100 000 à 200 000 personnes[1].

Les Treize Colonies n'ont aucun pouvoir en ce qui concerne les « vraies marques de la souveraineté » théorisées par Jean Bodin. Leurs assemblées locales ont certes la possibilité de faire des lois, mais sous réserve de l'accord du conseil du gouverneur, alors que ce dernier est nommé par la Couronne. De même, l'armée lui obéit. La diplomatie est exercée par Londres. La métropole est maîtresse de la souveraineté économique : elle décide des droits de douane, c'est-à-dire de l'essentiel de la fiscalité ; elle fixe tout ce qui est autorisé ou interdit en matière d'import et d'export[2].

Le système britannique de l'exclusif colonial enferme les Treize Colonies dans une triple dépendance forcée envers Londres. Elles ne doivent exporter leurs matières premières que vers la Grande-Bretagne, elles ont interdiction d'exporter leurs propres produits manufacturés et elles n'ont le droit d'importer que des produits britanniques.

Dans les années 1760, les motifs de mécontentement des colons s'accumulent. Pour ne plus avoir à gérer des rébellions de peuples autochtones, la Proclamation royale de 1763 leur interdit d'aller coloniser des terres dans l'Ouest. Les Treize Colonies doivent financer elles-mêmes les avant-postes de défense de leur frontière occidentale. La guerre de Sept Ans, vaste conflit entre grandes puissances européennes, l'ayant laissé considérablement endetté, le Royaume-Uni

1. É. Marienstras, N. Wulf, *Révoltes et révolutions en Amérique*, Neuilly-sur-Seine, Atlande, 2005, p. 33-37.
2. E. Dziembowski, *Le Siècle des révolutions (1660-1789)*, Paris, Perrin, 2018, p. 310.

décide en outre d'alourdir la fiscalité sur ces prospères colonies d'outre-Atlantique. En 1764, le *Currency Act* interdit aux Treize Colonies de créer leur propre monnaie, ce qui permet à Londres de prendre le contrôle monétaire de leur économie mais suscite des pénuries chroniques de liquidités. L'année suivante, Londres impose aux Treize Colonies d'entretenir elles-mêmes les troupes coloniales.

Des révoltes éclatent. À New York, l'assemblée locale refuse de financer l'armée. Les délégués de neuf colonies sur treize s'y réunissent et adoptent solennellement la Déclaration des droits et des griefs (*Declaration of Rights and Grievances*). C'est le premier manifeste de souverainisme civique des futurs États-Unis d'Amérique : il affirme qu'il ne peut y avoir de taxation sans représentation, et que, par conséquent, seules les assemblées locales des colonies ont le droit d'y créer des taxes. En 1767, Londres supprime le timbre fiscal obligatoire mais crée une nouvelle taxe, cette fois sur les importations des colonies, d'où une nouvelle vague de protestations et de refus dans les assemblées locales. Les manifestations, émeutes et actes insurrectionnels s'accumulent : par exemple, des souverainistes incendient le *Gaspée*, goélette britannique affectée au contrôle douanier[1].

Le 5 mars 1770, la troupe britannique tire sur la foule : c'est le massacre de Boston, qui suscite un émoi considérable. Londres tente l'apaisement en supprimant certaines taxes, mais trois ans plus tard, la Couronne exonère la Compagnie anglaise des Indes orientales de taxe pour vendre son thé aux Treize Colonies, ce qui menace de ruiner les marchands de thé locaux.

---

1. B. Cottret, *La Révolution américaine. La quête du bonheur (1763-1787)*, Paris, Perrin, 2003, p. 110-111.

Le 16 décembre 1773, dans le port de Boston, des colons déguisés en autochtones jettent à la mer plus de trois cents caisses de thé : c'est la *Boston Tea Party*. Londres réagit par des mesures extrêmement dures de répression, les *Punitive Acts*. En réaction à ce qu'ils qualifient d'*Intolerable Acts*, des délégués des colonies (sauf la Géorgie) forment ensemble le Premier Congrès continental, qui proclame leur alliance contre la métropole et instaure un boycott général sur les marchandises britanniques.

En 1775, Londres ordonne une offensive militaire afin de mater les insurgés souverainistes. Les batailles de Lexington et de Concord marquent ainsi le début de la guerre d'Indépendance américaine. En 1776, Thomas Paine publie *Le Sens commun* (*Common Sense*)[1], manifeste proposant aux Treize Colonies de proclamer une république indépendante, dont il décrit les possibles institutions. Rédigé dans un langage simple et accessible, l'ouvrage connaît un énorme succès d'édition et contribue à propager le souverainisme indépendantiste au sein de la population. À partir de 1776 également, chacune des colonies adopte sa propre Constitution. Le souverainisme civique y est omniprésent : la Constitution du Commonwealth du Massachusetts de 1780 affirme par exemple que « le corps politique résulte de l'association volontaire d'individus » et que « le peuple de ce Commonwealth a seul le droit exclusif de se gouverner lui-même, en tant qu'État libre, souverain, et indépendant ».

En 1776, à Philadelphie, les délégués des colonies insurgées rassemblés en Congrès continental adoptent la Déclaration d'indépendance des États-Unis d'Amérique. Le texte est clairement souverainiste civique.

1. T. Paine, *Common Sense*, Londres, Penguin Classics, 1982, p. 21.

Il revendique :

- la souveraineté nationale : « Nous, les représentants des États-Unis d'Amérique, assemblés en Congrès général, [...] publions et déclarons solennellement au nom et par l'autorité du bon peuple de ces colonies, que ces colonies unies sont et ont le droit d'être des États libres et indépendants » ;
- la souveraineté du peuple : « Nous tenons ces vérités pour évidentes par elles-mêmes, que tous les hommes sont créés égaux ; qu'ils sont dotés par le Créateur de certains droits inaliénables ; [...] que les gouvernements sont établis parmi les hommes pour garantir ces droits, et que leur juste pouvoir émane du consentement des gouvernés » ;
- les marques de la souveraineté : « comme les États libres et indépendants », les colonies proclamant ensemble leur indépendance « ont pleine autorité de faire la guerre, de conclure la paix, de contracter des alliances, de réglementer le commerce et de faire tous autres actes ou choses que les États indépendants ont droit de faire ».

Similairement, la Constitution des États-Unis adoptée en 1787 proclame dès ses premiers mots la souveraineté nationale et la souveraineté populaire : « Nous, le peuple des États-Unis d'Amérique. » La Révolution américaine constitue ainsi la première indépendance nationale de l'histoire qui relève de la doctrine du souverainisme civique.

À ce stade de notre réflexion, nous pouvons soutenir la thèse explicative suivante : le souverainisme tend à être civique lorsque la forte hétérogénéité ethnoculturelle de la population rend largement impossible toute tentative de définition culturelle et ethnique de l'identité nationale. Nous avons vu que cette situation démographique correspond à celle du royaume de France au temps de l'abbé Sieyès. Nous venons de voir qu'elle est également celle des Treize Colonies lorsque débute la révolution américaine.

C'est également le cas des États d'Afrique issus de la décolonisation. Au milieu du XXᵉ siècle, l'anthropologue George Murdock dresse la carte des ethnies du continent africain. Cette cartographie permet de constater qu'en Afrique les territoires ethniques sont largement plus nombreux qu'il n'y a d'États ; et que dans plusieurs dizaines de cas, ils sont à cheval sur les frontières de plusieurs pays[1]. C'est pourquoi, à peu d'exceptions près, les frontières politiques des États d'Afrique issus de la décolonisation ne coïncident absolument pas avec les frontières culturelles de la répartition territoriale des ethnies. En règle générale, les forces souverainistes africaines plaidant pour la décolonisation et l'indépendance adoptent donc le souverainisme civique, seul à même de bâtir une nation civique multiethnique.

Il en va ainsi du cas de Patrice Lumumba, souverainiste contre la colonisation belge du Congo-Léopoldville[2], qui préconise l'indépendance dans le cadre d'un État unitaire. Il craint en effet qu'un partage ethnique du territoire, ou un fédéralisme sur des bases ethniques, ne débouchent sur des troubles civils autour de la répartition interethnique des richesses du sous-sol[3].

---

1. G. Murdock, *Africa : Its Peoples and Their Culture History*, New York, McGraw-Hill, 1959.
2. L'expression « Congo-Léopoldville » sert à distinguer le Congo belge du Congo français, appelé « Congo-Brazzaville ». Léopoldville sera rebaptisée Kinshasa en 1966, d'où l'expression ultérieure « Congo-Kinshasa ».
3. I. Ndaywel è Nziem, *Histoire du Zaïre. De l'héritage ancien à l'âge contemporain*, Paris, Duculot, 1997, p. 550.

II. – Le souverainisme ethnoculturel

Une fois donnée la définition du souverainisme ethnoculturel (1), nous étudierons les souverainismes de l'Autriche-Hongrie (2). Cet examen nous permettra de constater ceci : en règle générale, le souverainisme ethnoculturel se manifeste face à une altérité ethnoculturelle surplombante, qui suscite un sentiment d'appartenance à une identité collective mise en péril.

1. **Définition du souverainisme ethnoculturel.** – Le souverainisme ethnoculturel adhère à l'idée de nation telle qu'elle fut théorisée, notamment, par Johann Gottfried Herder et Johann Gottlieb Fichte. Il définit donc la nation au nom de laquelle il plaide comme une communauté humaine qui préexiste à l'État, forgée par sa langue, ses traditions, ses arts, sa culture.

De ce fait, le souverainisme ethnoculturel est une doctrine prônant l'indépendance, l'autonomie ou un surcroît d'autonomie, pour une nation considérée comme une communauté culturelle organique, contre un échelon de pouvoir qui la surplombe.

2. **Étude de cas des souverainismes ethnoculturels en Autriche-Hongrie.** – À la veille de 1848, l'empire d'Autriche couvre ce qui correspondrait approximativement aujourd'hui aux territoires de l'Autriche, de la Tchéquie, de la Slovaquie, du sud de la Pologne, de la Roumanie, du nord de la Serbie, de la Slovénie et de la Croatie. Cette monarchie absolue est fondée sur la centralité de l'empereur, l'omniprésence de la bureaucratie impériale, le poids de l'armée dans la société et la tendance au loyalisme des nobles de toutes

cultures. La population germanique pèse pour moins d'un tiers du total, mais ses élites se taillent la part du lion dans la classe dirigeante.

Sur cette immense mosaïque d'identités nationales culturelles, le souverainisme le plus actif est celui des Hongrois (ou Magyars), qui suit les trois stades de développement du nationalisme théorisés par Miroslav Hroch, que nous citions en introduction[1].

La première phase est un mouvement culturel de préservation-reconstruction d'une identité. En 1825, le comte hongrois István Széchenyi crée l'Académie hongroise des sciences pour ordonner et diffuser la langue du peuple, le magyar[2]. Avec le consentement des autorités impériales, généralement tolérantes envers l'expression culturelle des identités collectives, la langue devient enseignée dans les écoles et pratiquée par l'administration.

La deuxième phase voit l'apparition d'une minorité agissante d'activistes pionniers. À partir des années 1830 et 1840, la mouvance libérale plaide pour l'autonomie de la Hongrie et pour sa propre souveraineté économique, l'activité étant jusqu'alors au contraire organisée et gérée pour que son agriculture complète l'économie plus industrielle de l'Autriche. Vienne atermoie durant ces décennies entre censure et apaisement, en particulier entre autorisation et dissolution de la Diète nationale hongroise, où les souverainistes prédominent.

La troisième étape, au cours de laquelle le souverainisme acquiert un soutien de masse dans la population, est la révolution hongroise de 1848, soulèvement

1. Voir *supra*, note 1, p. 6.
2. J. Bérenger, *L'Empire austro-hongrois (1815-1918)*, Paris, Armand Colin, 2011, p. 41.

d'une armée populaire souverainiste-indépendantiste que nous avons traité en introduction[1]. Après une série de victoires militaires, la Diète de Hongrie proclame l'indépendance et la République en 1849, qui sera cependant brisée la même année par les troupes impériales, assistées de renforts russes.

Le souverainisme se développant également chez les Tchèques, Vienne juge bien réel le risque d'une révolution tchèque similaire à la révolution hongroise et concède donc la Charte de Bohême, qui autorise la langue tchèque dans les écoles et dans l'administration. Après une reprise en main impériale du pouvoir par la voie militaire, le nouveau souverain François-Joseph annule les velléités de transformer l'Autriche en monarchie constitutionnelle. Dans les années 1850 se déploie le « système de Bach », qui repose sur l'intensification de la centralisation, de la censure et de la surveillance policière. Toutefois, la lourde défaite de l'Autriche, lors de la guerre d'Italie de 1859, provoque la perte de ses possessions italiennes et de sa sphère d'influence dans cette partie de l'Europe. Dans ce contexte de brutale fragilisation, les signes de révoltes de minorités ethnoculturelles se multiplient.

La séquence politique qui s'ensuit illustre avec clarté l'écartèlement du pouvoir impérial entre des souverainismes centrifuges. L'empereur François-Joseph décide de faire la part du feu, en augmentant en 1860 les pouvoirs des Diètes locales, ce qui suscite à la fois le mécontentement des élites germaniques, qui y voient une concession excessive, et celui des élites souverainistes hongroises, qui réclament l'autonomie. L'empereur réagit l'année suivante en changeant son fusil d'épaule : il crée un Parlement élu, unique et centralisateur pour

---

1. Voir *supra*, p. 13.

tout l'empire, ce qui provoque cette fois une grande fronde des élites hongroises, conduite par le souverainiste Ferenc Deák.

En 1866, l'Empire est encore fragilisé par la déroute des armées autrichiennes, cette fois lors de la guerre austro-prussienne. François-Joseph accepte alors qu'il soit scindé en deux États, l'empire d'Autriche et le royaume de Hongrie, régis par une union personnelle (il est le souverain des deux à la fois). Le royaume de Hongrie obtient ainsi une considérable autonomie : il a son propre gouvernement, son propre parlement, ses propres lois, tandis que le gouvernement impérial est réduit à la diplomatie et à la guerre.

À cette victoire du souverainisme hongrois, les souverainistes tchèques réagissent par l'essor des *Sokols*, censés être des sociétés de gymnastique, mais qui sont en réalité des cellules activistes militant pour que la Tchéquie accède à son tour à l'autonomie. En 1871, dans une nouvelle illustration de l'écartèlement de la double couronne entre souverainismes, François-Joseph tente de les satisfaire par la transformation du dualisme austro-hongrois en un « trialisme » autrichien, hongrois et tchèque, sorte de « triple monarchie », mais il se heurte à l'opposition frontale des élites germanophones et hongroises, raison pour laquelle il se contente *in fine* de concessions d'ordre culturel telles que la création d'un Théâtre national. Trois ans plus tard naît le Parti des Jeunes Tchèques, souverainiste-autonomiste au nom de l'existence ancestrale d'une nation culturelle tchèque[1].

---

1. K. Tomasz, *Silesia and Central European nationalisms : the emergence of national and ethnic groups in Prussian Silesia and Austrian Silesia (1848-1918)*, West Lafayette, Purdue University Press, 2006, p. 101-102 ; et G. Csurgai, *La Nation et ses territoires en Europe centrale. Une approche géopolitique*, Berne, Peter Lang, 2005, p. 77.

L'Autriche-Hongrie du dernier quart du XIXe siècle vit ensuite une situation politique instable, que la force centrifuge des souverainismes vampirise. Côté autrichien, les forces politiques sont balkanisées entre les multiples souverainismes ethnoculturels, mais aussi, au sein de chacun d'eux, entre modérés et radicaux. Il en résulte une vie parlementaire atomisée, d'où une forte instabilité gouvernementale. Côté hongrois, le royaume de Hongrie refuse à ses minorités ethnoculturelles la souveraineté partielle qu'il a lui-même obtenue. Il s'engage au contraire dans une politique de magyarisation, c'est-à-dire d'assimilation culturelle hongroise envers ces minorités, ce qui suscite en réaction la montée en puissance de souverainismes locaux – en particulier le souverainisme croate.

En 1906, Aurel Popovici, militant souverainiste roumain, imagine un plan de transformation de l'Autriche-Hongrie en États-Unis de Grande-Autriche (*Vereinigte Staaten von Groß-Österreich*), dont le principe directeur est la pleine application du souverainisme ethnoculturel. Ce serait un empire multinational, fédéral et parlementaire. Il naîtrait dans le cadre d'un redécoupage total du territoire en quinze États fédérés, dessinés pour épouser au plus près la répartition ethnoculturelle des populations[1].

L'archiduc autrichien François-Ferdinand, héritier de la double couronne austro-hongroise, adopte ce projet et compte le mettre en place une fois souverain (l'empereur François-Joseph est alors âgé de 76 ans). Il est toutefois assassiné en 1914 par un nationaliste

1. A. C. Popovici, *Die Vereinigten Staaten von Groß-Österreich : politische Studien zur Lösung der nationalen Fragen und staatsrechtlichen Krisen in Österreich-Ungarn ; mit einer Karte des föderativen Groß-Österreich*, Leipzig, Elischer Nachf., 1906.

serbe. L'attentat a été suscité par la Main Noire, organisation secrète panserbe ayant infiltré la classe dirigeante militaire de la Serbie indépendante. Le but est de provoquer une grande guerre européenne pour que s'effondre l'Autriche-Hongrie, d'où la possibilité d'une « Grande Serbie » qui naîtrait sur ses décombres[1]. La Première Guerre mondiale éclate. À son terme, la coalition des grandes puissances victorieuses démembre l'Empire en États-nations indépendants.

Aussi l'empire d'Autriche, puis d'Autriche-Hongrie, dont les classes dirigeantes sont essentiellement germaniques, aura-t-il été progressivement démantelé sous la pression de souverainismes ethnoculturels centrifuges. Cette séquence historique tend à démontrer que l'altérité ethnoculturelle du pouvoir politique surplombant est génératrice de souverainisme ethnoculturel dans la communauté humaine surplombée. Ceci confirme la thèse de Guy Hermet, précédemment évoquée pour les protonations médiévales, quant au rôle moteur de telles altérités dans la montée en puissance de l'aspiration collective à la souveraineté nationale[2].

III. – Le souverainisme marxiste-révolutionnaire

Une fois étudié le débat entre marxistes sur la question nationale (1), nous donnerons la définition du

1. C. Clark, *Les Somnambules*, trad. M.-A. de Béru, Paris, Flammarion, 2013, p. 111 ; et J.-P. Bled, *L'Agonie d'une monarchie. Autriche-Hongrie (1914-1920)*, Paris, Tallandier, 2014, p. 63-65.
2. G. Hermet, *Histoire des nations et du nationalisme en Europe*, Paris, Seuil, 1996, p. 42-66. Notre étude de cas repose principalement sur S. Berstein, P. Milza (dir.), *Histoire du XIXe siècle*, Paris, Hatier, 1996, p. 184-198 et 418-423.

souverainisme marxiste-révolutionnaire (2). Puis nous étudierons le cas du souverainisme vietnamien sous l'égide de Hô Chi Minh (3).

1. **Le débat entre marxistes sur la question nationale.** – Nous avons vu précédemment que, dès Karl Marx et Friedrich Engels, le marxisme prévoit d'être ou ne pas être en faveur du souverainisme pour telle nation, au cas par cas, uniquement selon que son indépendance ou son autonomie servirait ou desservirait la lutte révolutionnaire[1]. Au début du XXe siècle, dans le cadre de la IIe Internationale surgit un double débat interne aux marxistes, à la fois sur la ligne à adopter envers les souverainismes d'Europe, en particulier polonais, et sur celle à adopter envers les souverainismes dans les empires coloniaux.

Le débat sur les souverainismes d'Europe oppose une position internationaliste intransigeante, portée par Rosa Luxembourg, à la position marxiste-orthodoxe qu'incarne Karl Kautsky.

Rosa Luxembourg défend la solidarité avec le prolétariat polonais, dont le sort ne peut s'améliorer que par « une plus grande démocratisation des pays occupants ». Elle estime en revanche que le prolétariat polonais ne doit pas éprouver « le besoin de posséder [...] l'appareil d'un État de classe indépendant qui est une arme pour opprimer les ouvriers », et que s'engager pour l'indépendance nationale de la Pologne relève à cet égard d'une « conception petite-bourgeoise du monde ».

Karl Kautsky soutient que la volonté collective de libération nationale à l'égard d'un empire est le fruit du développement économique, et constitue une étape

1. M. Rodinson, « Le marxisme et la nation », art. cité, p. 132.

sur le chemin de la révolution. Il juge donc que « là où les tendances nationales luttent encore pour leur reconnaissance, tout parti de progrès [...] doit tenir compte de ce caractère inéluctable et [...] soutenir l'aspiration à l'unification en un État ».

Le débat sur les souverainismes dans les empires coloniaux oppose quant à lui une position globalement favorable au colonialisme en tant qu'étape vers la révolution, portée notamment par Eduard Bernstein, à une position anticolonialiste portée, là encore, par Karl Kautsky.

Eduard Bernstein considère le colonialisme comme une nécessité historique sur le chemin de la révolution, qu'exige le développement des forces productives, lui-même préalable indispensable à une révolution prolétarienne. « Nous avons le devoir de pratiquer une politique coloniale socialiste positive, explique-t-il. [...] Les socialistes doivent aussi reconnaître la nécessité pour les peuples civilisés d'exercer une certaine tutelle sur les peuples non civilisés ».

Karl Kautsky plaide au contraire pour la condamnation du colonialisme, car « la politique coloniale capitaliste, par son essence même, mène nécessairement à l'asservissement, au travail forcé ou à l'extermination ». Il préconise donc d'encourager et de soutenir des révolutions marxistes dans les colonies, afin que la décolonisation soit l'occasion d'y installer « la société socialiste », qui seule peut « offrir à tous les peuples la possibilité de développer pleinement leur civilisation ».

Chef de file des révolutionnaires marxistes en Russie, Lénine soutient la ligne de Karl Kautsky[1].

---

1. C'est ultérieurement qu'une rupture politique profonde interviendra entre les deux hommes, Karl Kautsky accusant Lénine d'avoir trahi

Cependant, moins qu'un devoir de soutenir l'émancipation des peuples concernés, il y voit la nécessité tactique de soutenir les souverainismes nationaux pour affaiblir de l'intérieur les grandes puissances capitalistes, dont en particulier l'Empire russe. Après lui, Staline confirmera et appliquera cette approche faisant des souverainismes un simple instrument au service de la lutte révolutionnaire[1].

En pratique, c'est toutefois la ligne exprimée par Karl Kautsky, à savoir la décolonisation au service de l'installation locale immédiate de sociétés socialistes, qui s'appliquera au fil des indépendances obtenues sous contrôle de partis marxistes-léninistes.

2. **Définition du souverainisme marxiste-révolutionnaire.** – Le souverainisme marxiste-révolutionnaire est une doctrine prônant l'indépendance, l'autonomie ou un surcroît d'autonomie, pour une nation considérée comme le résultat des relations de classes dans le développement économique, contre un échelon de pouvoir qui la surplombe, dans le but d'y installer une société communiste. Obtenir la souveraineté nationale n'est pas un but en soi : c'est un moyen pour faire progresser la lutte révolutionnaire. Un cas emblématique de cette approche est le souverainisme vietnamien, sous l'égide du théoricien et chef de file révolutionnaire Hô Chi Minh.

3. **Étude de cas du souverainisme marxiste-révolutionnaire au Vietnam.** – Dans les années 1910, le Vietnamien Nguyễn Sinh Cung, qui adoptera plus

---

la doctrine marxiste en installant en Russie une dictature, et Lénine accusant en retour Kautsky d'être un renégat.

1. Pour les citations précédentes, voir E. Pisier (dir.), *Histoire des idées politiques*, Paris, Puf, 1998 (rééd.), p. 241-244.

tard le pseudonyme Hô Chi Minh, devient durant ses années de jeunesse un militant communiste et anticolonial, notamment au fil de pérégrinations à Paris, dans d'autres colonies françaises, aux États-Unis, et dans diverses capitales européennes[1]. Comme la plupart des jeunes activistes prometteurs issus de colonies, il reçoit en Union soviétique une formation complète de révolutionnaire professionnel[2]. Devenu agent du Komintern, il consacre les décennies 1920 et 1930 à créer en exil des cellules souverainistes-communistes vietnamiennes, et à sélectionner des militants vietnamiens à fort potentiel afin qu'ils soient formés à leur tour à Moscou. Il fonde en 1930 le Parti communiste vietnamien unifié et en prend la tête[3].

En 1941, alors que le pays est administré par le régime de Vichy et occupé militairement par le Japon, il rentre clandestinement au Vietnam et y implante le Parti communiste. C'est à la même époque qu'il commence à développer sa propre doctrine politique, qui est souverainiste-indépendantiste et marxiste-révolutionnaire. Il défend en effet la nécessité d'une totale autonomie décisionnelle du Parti communiste vietnamien par rapport à Moscou, et l'idée que le Parti doit prendre la tête de la lutte de libération nationale du Vietnam. En application de cette ligne, le Parti communiste vietnamien devient la force principale d'une coalition souverainiste-indépendantiste plus vaste, le Viêt Minh, à la fois contre le colonialisme français et contre l'expansionnisme

1. A. Ruscio, *Hô Chi Minh. Écrits et combats*, Montreuil, Le Temps des Cerises, 2019, p. 30-34.
2. P. Brocheux, *Hô Chi Minh*, Paris, Presses de Sciences Po, 2000, p. 125-127.
3. D. Hémery, *Hô Chi Minh. De l'Indochine au Viêt Nam*, Paris, Gallimard, 1990, p. 68.

japonais[1]. Une insurrection souverainiste-communiste est d'ailleurs tentée dès 1940 en Cochinchine, mais écrasée par les troupes coloniales[2].

À la fin de la Seconde Guerre mondiale, l'occupant japonais démantèle l'administration coloniale française et proclame un État vietnamien indépendant fantoche, mais la capitulation de Tokyo quelques mois après crée une vacance du pouvoir en Indochine. Hô Chi Minh en profite pour lancer un nouveau soulèvement. Hormis quelques rares combats, les troupes japonaises n'opposent pas de résistance au Viêt Minh, qui prend le contrôle de la capitale[3]. Hô Chi Minh forme un gouvernement provisoire majoritairement composé de communistes. Le 2 septembre, il proclame solennellement l'indépendance du Vietnam. Toutefois, ses tentatives de négocier une prise d'indépendance pacifique avec le nouveau gouvernement provisoire de la République française se soldent par un échec. À la fin de 1946, sous la menace d'une reconquête militaire française, il adresse au peuple vietnamien un appel à la résistance et à la lutte armée, quitte Hanoï, et se replie avec ses partisans dans le nord du pays. C'est le début de la guerre d'Indochine[4].

Le soutien matériel et humain de grandes puissances communistes, ainsi qu'une stratégie réussie de guerre asymétrique fondée sur la guérilla, aboutissent à la victoire de 1954 : les accords de Genève offrent au Nord-Vietnam communiste une pleine reconnaissance internationale d'État souverain et indépendant. L'année

1. *Ibid.*, p. 81-83.
2. P. Franchini, *Les Guerres d'Indochine*, Paris, Pygmalion et Gérard Watelet, 1988, t. I, p. 158-159.
3. *Ibid.*, p. 202-207.
4. D. Hémery, *Hô Chi Minh. De l'Indochine au Viêt Nam*, *op. cit.*, p. 89-109.

suivante commence la guerre du Vietnam, à ses débuts une guerre civile entre le Nord communiste et le Sud capitaliste, mais qui devient une grande guerre régionale et l'un des conflits les plus meurtriers de la Guerre froide. Cette guerre dure encore lorsque Hô Chi Minh meurt, le 2 septembre 1969, jour de commémoration de l'indépendance proclamée en 1945.

Que ce soit à la tête du gouvernement provisoire de l'éphémère Vietnam indépendant de 1945-1946, ou à la tête ensuite du Nord-Vietnam, l'examen des réformes entreprises par Hô Chi Minh confirme que son souverainisme indépendantiste est l'instrument d'un projet de société marxiste-révolutionnaire. Le régime évolue vers la domination du seul Parti communiste. Les terres et les outils de production sont soumis à des mesures collectivistes. Le plan triennal de 1958-1960 entreprend une grande réforme agraire de redistribution des terres et de collectivisation sous la forme de coopératives, largement inspirée par le modèle de la Chine communiste[1]. Le même plan lance un effort massif de développement de l'industrie lourde, du textile, et de l'extraction de charbon[2], sur le modèle des politiques industrielles soviétiques.

IV. – Le souverainisme économique

Le souverainisme économique est une idée qui se développe dès que la puissance économique de la nation devient une condition de sa souveraineté politique. Au XVIIe siècle, les politiques mercantilistes de protection et de développement des industries, dont par exemple le colbertisme en France, peuvent être

1. A. Ruscio, *Hô Chi Minh. Écrits et combats*, *op. cit.*, p. 344-348.
2. J. Llewellyn *et alii*, « North Vietnam », *Alpha History*, 16 juin 2019.

considérées comme ses premiers pas. Au XIXe siècle, le souverainisme économique inspirera les auteurs du protectionnisme développeur, Hamilton et Carey aux États-Unis, List en Allemagne, mais aussi Chaptal et Thiers en France. Il fondera les politiques des États qui cherchent à s'émanciper de la tutelle britannique ou européenne, comme les États-Unis, le Japon et la Russie. Au XXe siècle, il inspirera les politiques économiques des États issus de la décolonisation et sera décisif en Asie, où la Corée, la Chine, le Vietnam suivront l'exemple japonais.

Au XXIe siècle, il caractérise une opposition à la mondialisation et aux organisations économiques supranationales, dont la zone euro. Il s'incarne dans plusieurs écoles de pensée économique hétérodoxes : les institutionnalistes, l'école de la régulation, certains néomarxistes, certains économistes libéraux tels que Maurice Allais, ainsi que différentes branches et postérités du keynésianisme s'inspirant du texte de Keynes de 1933 sur l'autosuffisance économique[1].

Une fois exposés les concepts de « mondialisation malheureuse » et de démondialisation (1), nous présenterons la teneur de la théorie économique protectionniste et du souverainisme monétaire (2). Nous donnerons ensuite la définition du souverainisme économique (3), qui s'appuie sur ces éléments.

1. **Les concepts de « mondialisation malheureuse » et de démondialisation (Guénolé, Ramonet, Bello).** La notion de « mondialisation malheureuse » désigne un projet politique de généralisation du libre-échange et de l'économie de marché dans le commerce

1. J. M. Keynes, « De l'autosuffisance nationale », *L'Économie politique*, vol. 3, n° 31 (2006), p. 7-18.

international, porté par les élites politiques, économiques et académiques des États-Unis d'Amérique à partir de l'après-guerre pour le bloc de l'Ouest durant la Guerre froide, et à partir du XXe siècle finissant pour le reste du globe. J'ai théorisé ce concept en 2016 dans un précis d'analyse critique de la mondialisation[1]. Indépendamment du concept, d'autres auteurs avaient toutefois déjà abouti auparavant à des conclusions similaires[2].

Au fil de cette période, les États-Unis d'Amérique suscitent et parrainent la naissance des structures *supranationales* organisatrices de cette « mondialisation malheureuse », comme la transformation de l'Accord général sur les tarifs douaniers et le commerce (GATT) en Organisation mondiale du commerce (OMC), ou l'extension des pouvoirs du Fonds monétaire international (FMI) à partir des années 1980.

L'OMC est héritière de l'Accord général sur les tarifs douaniers et le commerce (GATT), un traité de libre-échange adopté à l'échelle du bloc de l'Ouest. L'objectif de ce dernier était d'abaisser les barrières au libre-échange entre les pays signataires : les droits de douanes, les restrictions quantitatives telles que les quotas d'importation, et les restrictions qualitatives telles que les normes. Une fois le GATT signé, huit cycles de négociation des règles du commerce international, appelés « *rounds* », aboutissent à baisser les droits de douane à travers le bloc de l'Ouest. Par la suite, la dislocation du bloc de l'Est et la conversion graduelle

1. T. Guénolé, *La Mondialisation malheureuse*, préface de B. Badie, Paris, First, 2016.

2. Lire notamment : D. Rodrik, *Nations et mondialisation. Les stratégies nationales de développement dans un monde globalisé*, trad. C. Jaquet, Paris, La Découverte, 2008 ; J. Sapir, *La Démondialisation*, Paris, Le Seuil, 2010 ; D. Plihon, « L'altermondialisme, version moderne de l'anticapitalisme ? », *Actuel Marx*, vol. 2, n° 44 (2008), p. 31-40.

de la Chine communiste à l'économie de marché permettent au GATT de devenir une organisation planétaire, l'OMC, qui dès lors s'emploie à faire baisser les droits de douane et à supprimer de par le monde les barrières réglementaires sur les importations. Néanmoins, elle ne produit pas simultanément des normes communes de droit fiscal, de droit du travail ou de droit environnemental. Par voie de conséquence, en installant graduellement un marché mondial sans règle de droit mondiale, l'OMC instaure une compétition mondiale exacerbée entre les coûts de tous les pays du monde en la matière, et crée donc une course mondiale au *dumping* fiscal, social et environnemental. Les pays pauvres sont contraints, s'ils veulent attirer l'installation d'activités productrices de multinationales et de leurs sous-traitants, de conserver un droit social embryonnaire (voire tolérant envers l'esclavage moderne[1]), des règles écologiques relativement inexistantes, et une fiscalité trop faible pour que soit possible le développement de services publics ou de politiques de redistribution. Symétriquement, les pays riches se livrent entre eux une intense concurrence d'attractivité, qui les amène à baisser la rémunération du travail, la protection sociale, ainsi que la fiscalité et, par voie de conséquence, les dépenses destinées aux services publics et aux redistributions[2].

Le FMI, quant à lui, met en œuvre activement depuis les années 1980, dans les États en risque de banqueroute entrant sous sa tutelle, des programmes de réformes gouvernementales qui vont dans le même sens que l'OMC. Ces programmes ont été décrits

1. Walk Free Foundation, *Global Slavery Index*, 2018.
2. T. Guénolé, *Le Livre noir de la mondialisation*, Paris, Plon, p. 55-58 ; et D. Cayla, *Populisme et néolibéralisme*, Louvain-la-Neuve, De Boeck Supérieur, p. 219-236.

en 1990 par l'économiste John Williamson sous le nom de « consensus de Washington[1] ». Ils incluent :

– la stricte discipline budgétaire, l'objectif « zéro déficit public » et la limitation des dépenses publiques d'investissement à la santé, l'éducation et les infrastructures ;
– des réformes fiscales fondées sur « la baisse des taux et l'élargissement de l'assiette », ce qui consiste à baisser l'imposition du capital et à augmenter la fiscalité à taux faible sur des populations très larges ;
– la privatisation des services publics et des entreprises publiques, ainsi que la déréglementation des marchés du pays ciblé ;
– un « taux de change compétitif » de la monnaie locale, ce qui conduit en pratique à faire baisser le prix réel des exportations pour les grands acheteurs internationaux ;
– la baisse des droits de douane, la suppression des quotas d'importation et l'amoindrissement des normes de qualité des produits importés[2].

Les idées visant à restaurer la souveraineté économique des États face à cette « mondialisation malheureuse » ont été principalement développées par la pensée altermondialiste. Deux exemples emblématiques l'attestent. En 1997, le directeur du *Monde diplomatique*, Ignacio Ramonet, dresse dans les colonnes du journal le constat des répercussions délétères de la mondialisation. Il propose d'établir une taxe sur toutes les transactions financières : la taxe

1. J. Williamson, « What Washington Means by Policy Reform », in J. Williamson (dir.), *Latin American Adjustment : How Much Has Happened ?*, Washington, Institute for International Economics, 1990.
2. T. Guénolé, *Le Livre noir de la mondialisation*, *op. cit.*, p. 60-64.

Tobin, du nom de l'économiste James Tobin, qui avait repris cette idée dans un article de 1978[1] (idée cependant initialement émise par John Maynard Keynes dès 1936[2]). Ramonet propose en outre de créer une organisation non gouvernementale consacrée à porter cette idée : l'Association pour une taxe Tobin d'aide aux citoyens (ATTAC)[3].

Deux ans plus tard, le sociologue et intellectuel altermondialiste Walden Bello propose pour sa part la « démondialisation », soit un projet de commerce international équitable rendu possible au moyen du protectionnisme et de la régulation économique multilatérale. Cette démondialisation est destinée à remplacer le libre-échange, afin que chaque pays puisse choisir souverainement son modèle de développement, conformément à ses valeurs et aux opportunités et contraintes de sa propre économie[4].

2. La théorie économique protectionniste et le souverainisme monétaire

(A) *La théorie économique protectionniste (Hamilton, List).* – Le protectionnisme est une politique économique de protection de l'économie d'un État ou d'une union douanière d'États contre la concurrence étrangère. Bien qu'il existe des plaidoyers antérieurs, ses premiers grands théoriciens sont Alexander Hamilton, secrétaire au Trésor du gouvernement des États-Unis

1. J. Tobin, « A Proposal for International Monetary Reform », *Eastern Economic Journal*, juillet-octobre 1978, p. 153-159.
2. J. M. Keynes, *Théorie générale de l'emploi, de l'intérêt et de la monnaie* (1936), trad. J. de Largentaye, chap. XII, partie VI.
3. I. Ramonet, « Désarmer les marchés », *Le Monde diplomatique*, décembre 1997.
4. W. Bello, *Deglobalization : Ideas for a New World Economy*, Londres, Zed Books, 1999.

Amérique sous la présidence de George Washington, dans son *Rapport sur les manufactures* de 1791 ; Friedrich List, économiste germanique de la première moitié du XIXe siècle, dans son *Système national d'économie politique*, republié en France à la fin des années 1990 à l'initiative de l'intellectuel souverainiste Emmanuel Todd[1] ; et Henry Carey, qui fut le conseiller économique d'Abraham Lincoln. L'influence de la pensée économique de List et Carey sera importante non seulement aux États-Unis mais aussi en Russie et au Japon, puis en Chine, en Corée et en Inde.

Les principaux moyens du protectionnisme sont les tarifs douaniers, les quotas d'importations, les subventions et commandes publiques préférentielles, et les normes imposées aux produits importés.

Des taxes sur les produits importés augmentent leur prix de vente, ce qui rend les produits nationaux plus compétitifs sur le marché intérieur. Par exemple, au début des années 2000, le taux moyen des tarifs douaniers appliqués par l'Inde représente, en ordre de grandeur, le triple du taux moyen mondial[2].

Les quotas d'importation sont un plafonnement quantitatif de l'entrée de produits étrangers, avec pour cas extrême l'interdiction totale, telle que par exemple l'embargo de l'Union européenne sur la viande d'origine britannique en 1996 dans le contexte de la crise sanitaire de la vache folle.

Les subventions et commandes publiques préférentielles relèvent de la politique commerciale stratégique[3].

---

1. F. List, *Système national d'économie politique*, préface de E. Todd, trad. H. Richelot, Paris, Gallimard, 1998.
2. World Bank, « Tariff rate, applied, simple mean, all products (%) – India », 2021.
3. J. A. Brander, B. J. Spencer, « Export subsidies and international market share rivalry », *Journal of International Economics*, vol. 18, n° 1-2

Elles consistent à accorder des aides publiques à une entreprise nationale, et à la favoriser comme fournisseur afin d'améliorer sa compétitivité face à un concurrent étranger. C'est notamment le cas des subventions et commandes des États-Unis d'Amérique à Boeing, et de plusieurs pays européens à Airbus, dans le cadre de la concurrence entre ces deux multinationales aéronautiques.

Enfin, les normes imposées aux produits importés représentent jusqu'à nos jours l'une des principales barrières protectionnistes non tarifaires[1].

La théorie économique protectionniste met en avant plusieurs avantages à de tels dispositifs.

Un protectionnisme provisoire permet de construire et de développer une industrie nouvelle, ou de prendre le temps de rendre de nouveau compétitive une industrie déjà existante, sans que les importations issues d'une industrie étrangère plus performante ne viennent tuer dans l'œuf cette politique industrielle. C'est l'argument du protectionnisme éducateur, développé par Friedrich List.

Le protectionnisme est un instrument de légitime défense, pour l'économie d'un pays, face aux pays exportateurs qui pratiquent le *dumping* fiscal, social et écologique.

Le protectionnisme est indispensable pour que puisse fonctionner une relance keynésienne de l'économie nationale par la consommation intérieure. À défaut, tout un pan de la relance part en achats, par les consommateurs nationaux, de produits étrangers importés.

(février 1985), p. 83-100.

1. J. Beghin, « Nontariff Barriers », in S. Durlauf, L. E. Blume (dir.), *The New Palgrave Dictionary of Economics*, Londres, Palgrave Macmillan, 2008, p. 126-129.

Contrairement au libre-échange, qui contraint les États à baisser leur fiscalité, le protectionnisme engendre pour les États des recettes fiscales, en raison des tarifs douaniers.

Le protectionnisme permet de développer les facteurs de production territoriaux et les avantages géographiques d'une région particulière dans le cadre d'une politique industrielle[1].

Sous la forme de la politique commerciale stratégique, le protectionnisme permet de créer, défendre ou sauver des « champions » industriels nationaux[2].

Le souverainisme économique est aussi souvent intimement lié à la lutte pour l'indépendance dans les pays colonisés. En Inde, de 1930 à 1948, il suscite ainsi un consensus autour de l'adoption d'une forme de planification en vue d'aboutir à l'indépendance véritable du pays et à son autonomie économique, ce qui sera l'objectif désigné des plans indiens de 1948 à 1985. On retrouvera ce souverainisme économique, et ses instruments, dans de nombreux pays issus de la décolonisation.

(B) *Souverainisme monétaire et théorie des zones monétaires optimales.* – Nous avons vu précédemment que Jean Bodin compte au rang des « vraies marques de la souveraineté » le pouvoir exclusif pour l'État de battre monnaie. Branche en soi du souverainisme économique, le souverainisme monétaire est une doctrine prônant l'indépendance, ou plus rarement l'autonomie, de la politique monétaire d'un État-nation.

Le souverainisme monétaire autonomiste prend pour cible les accords internationaux d'encadrement des

---

1. P. R. Krugman, *Geography and Trade*, Cambridge (Massachusetts), MIT Press, 1991.
2. E. Combes, *Précis d'économie*, Paris, Puf, 2011 (rééd.), p. 400-411.

politiques monétaires des États signataires, qui, sans les doter d'une monnaie unique, visent à les faire converger en limitant leurs marges de manœuvre. Par exemple, en 1983, lorsque la politique monétaire du gouvernement français vient se heurter aux règles d'encadrement du Système monétaire européen (SME), les partisans en son sein du souverainisme monétaire, notamment le ministre Jean-Pierre Chevènement, plaident sans succès pour que la France quitte le SME afin d'appliquer pleinement une politique de relance monétaire et de protectionnisme douanier.

Le souverainisme monétaire indépendantiste s'oppose quant à lui aux unions monétaires de plusieurs États, dotées d'une monnaie unique, dont la politique monétaire est donc confiée à une *structure supranationale*. Par exemple, le franc CFA inclut quatorze pays d'Afrique subsaharienne et comporte plus précisément deux zones monétaires à monnaie unique : la zone franc d'Afrique centrale (CEMAC) et la zone franc d'Afrique de l'Ouest (UEMOA). En 1973, la Mauritanie prend une mesure relevant du souverainisme monétaire indépendantiste : elle sort du franc CFA pour fonder sa propre monnaie nationale : l'ouguiya.

L'argumentation du souverainisme monétaire repose principalement sur deux concepts économiques : la théorie des zones monétaires optimales et la notion de politique monétaire.

Formulée par l'économiste Robert Mundell en 1961, la théorie des zones monétaires optimales énumère les conditions dans lesquelles une zone géographique a intérêt à adopter une monnaie unique, et définit donc en creux dans quelles conditions il n'est pas dans son intérêt de le faire. La théorie fonctionne également pour le cas où, sans rejoindre une monnaie unique, un pays déciderait d'aligner sa politique monétaire sur celle d'un pays tiers – ce qui revient au même. Or, parmi les grands critères d'optimalité d'une zone monétaire se trouve celui-ci : les caractéristiques structurelles des économies des pays membres doivent être similaires. On entend par là, en particulier, les formes de l'État-providence, la nature des principaux biens et services produits, ainsi que la productivité. Néanmoins, si l'espace est hétérogène sur le plan économique, une union monétaire reste possible, à condition que la fluidité soit parfaite entre les marchés, notamment le marché du travail, et à condition qu'il soit possible d'organiser des transferts budgétaires d'une région à l'autre[1].

Cela signifie donc que, selon la théorie de Mundell, les États qui ont des systèmes de protection sociale fortement différents, des grandes spécialisations en production de biens et services foncièrement distinctes, et des écarts élevés entre leurs niveaux de productivité, *ne doivent pas* fonder ensemble une monnaie unique – sauf s'ils mettent en place une mobilité totale du marché du travail et des transferts budgétaires massifs entre États membres, créant ainsi une fiscalité supranationale échappant aux États et des déplacements démographiques *massifs* de travailleurs. Il s'agit là des principaux arguments économiques des tenants du souverainisme monétaire contre l'euro, la monnaie unique créée par l'Union européenne[2].

La politique monétaire s'appuie quant à elle sur l'idée qu'en agissant sur la quantité de monnaie en circulation dans l'économie les pouvoirs publics d'un

1. Robert A. Mundell, « A Theory of Optimum Currency Areas », *American Economic Review*, vol. 51 (1961), p. 657-665 ; et A.-C. Ott, B. Vignolles, « Qu'est-ce qu'une zone monétaire optimale ? », *Regards croisés sur l'économie*, vol. 1, n° 11 (2012), p. 31-32.
2. Voir à ce propos : D. Schlacther, *Questions d'Europe. Le débat économique et politique*, Paris, Ellipses, 1998.

pays peuvent relancer son économie en berne ou, au contraire, ralentir la cadence d'une vie économique présentant des signes de surchauffe. Nous en faisons ici un résumé simplifié. La Banque centrale dispose de plusieurs leviers pour agir sur la création monétaire des banques de second rang (c'est-à-dire toutes les banques actives dans l'économie du pays). Par exemple, en augmentant le coût de l'argent auquel les banques se refinancent, elle limite la quantité de monnaie disponible, ce qui augmente le taux d'intérêt des emprunts pour les entreprises et les ménages. La baisse du volume des emprunts contractés ralentit l'activité économique, ce qui évite la surchauffe et la montée des prix. Inversement, si la Banque centrale diminue le coût du refinancement des banques, cela va faciliter les prêts bancaires et relancer l'activité. C'est également la Banque centrale qui détermine les règles (« règles prudentielles ») que les banques de second rang doivent respecter. Si elle les allège, elle leur permet de mobiliser plus de fonds pour prêter, ce qui relance l'activité économique[1].

Le souverainisme monétaire plaide donc pour l'indépendance nationale de la politique monétaire, au nom de la nécessaire souveraineté du pays sur sa propre vie économique. Ce motif est généralement assorti d'une politique monétaire précise souhaitée. C'est notamment le cas des économistes critiques envers l'euro et partisans du rétablissement de la monnaie nationale, qui généralement souhaitent ce rétablissement pour rendre de nouveau possible une politique économique de relance monétaire de l'activité[2].

---

1. Les Économistes atterrés, *La Monnaie, un enjeu politique*, Paris, Seuil, 2018.
2. Voir par exemple : J. Sapir, *Faut-il sortir de l'euro ?*, Paris, Seuil, 2012, p. 53-59.

3. **Définition du souverainisme économique.** – Le souverainisme économique considère la « mondialisation malheureuse » comme une force politique qui domine et surplombe les nations. Il préconise de reconstituer les moyens de l'indépendance économique d'une nation, ou *a minima* un surcroît d'autonomie, à l'égard de ce système économique planétaire. Ses moyens sont le protectionnisme, en particulier fiscal grâce aux tarifs douaniers, et le souverainisme monétaire.

Le souverainisme économique présente la particularité de ne pas se fonder sur une définition de la nation. Il est donc cumulable avec chacun des trois autres souverainismes. De fait, le souverainisme économique peut être défendu indifféremment par les tenants de la définition civique, ethnoculturelle ou marxiste de la nation.

***

Il existe ainsi quatre types de souverainisme : civique, ethnoculturel, marxiste-révolutionnaire, économique. La spécificité de trois d'entre eux est leur définition de la nation. Le souverainisme civique la voit comme une communauté politique contractuelle entre citoyens. Le souverainisme ethnoculturel la considère comme une communauté humaine qui préexiste à l'État, forgée par sa langue, ses traditions, ses arts, sa culture. Le souverainisme marxiste-révolutionnaire l'analyse comme le fruit des interdépendances de classes dans le développement économique. Par rapport à eux, le souverainisme économique a pour particularité de ne pas définir la nation : il définit la « mondialisation malheureuse » comme un pouvoir politique qui surplombe les nations, et prône envers elle l'indépendance économique nationale au moyen du protectionnisme et de la pleine souveraineté monétaire.

Le souverainisme tend à être civique lorsque la communauté humaine concernée n'a pas de forte homogénéité ethnoculturelle. Il tend à être ethnoculturel lorsque le pouvoir politique surplombant suscite dans la communauté humaine surplombée un sentiment collectif fort d'altérité culturelle. Le souverainisme marxiste-révolutionnaire considère l'indépendance ou l'autonomie de la nation comme un simple moyen pour y réaliser, le cas échéant, une société communiste. Le souverainisme économique, parce qu'il ne repose pas sur une définition de la nation, est cumulable avec chacun des trois autres.

CHAPITRE III

Histoire du souverainisme français

« Toute ma vie, je me suis fait une certaine idée de la France. »

Charles DE GAULLE

Le sentiment collectif d'identité nationale a connu en France une gestation lente, depuis la protonation médiévale jusqu'au nationalisme guerrier de l'entre-deux-guerres. La Résistance gaullo-communiste durant l'Occupation constitue le premier cas de souverainisme français. Si la présidence du général de Gaulle durant les années 1960 marque une opposition systématique aux structures supranationales, ce n'est que dans les années 1980 et 1990, lorsque s'accélère le projet politique supranational d'intégration européenne, que le souverainisme redevient progressivement en France une force politique substantielle. Il se manifeste sous ses quatre formes : civique, ethnoculturelle, marxiste-révolutionnaire et économique.

I. – La lente gestation du sentiment collectif d'identité nationale en France

La France de l'Ancien Régime voit émerger peu à peu, dans ses populations, un sentiment collectif embryonnaire d'appartenance à une identité commune.

La protonation médiévale française est forgée dans un premier temps par un ressenti populaire d'identité culturelle en péril face à l'envahisseur anglais durant la guerre de Cent Ans. Pour autant, l'identité collective dominante durant les siècles qui précèdent la Révolution française demeure le clocher, et ce, à double titre. C'est le clocher au sens de l'identité villageoise, du fait de la très faible exogamie des bourgades, de la lenteur des transports et de la relative rareté des déplacements de populations. C'est aussi le clocher au sens de l'identité religieuse : les populations du royaume se voient elles-mêmes d'abord comme chrétiennes et secondairement comme sujettes du roi de France[1].

La France de la fin du XVIIIe siècle est une mosaïque ethnoculturelle sur laquelle on parle alors au moins une douzaine de langues différentes : langues d'oïl ou langues d'oc, breton, basque, catalan, corse, occitan, provençal, flamand, alsacien, lorrain. Le rapport déjà cité de l'abbé Grégoire à la Convention[2] établit à cet égard qu'à cette époque 11 % seulement de la population parle le français.

La construction de l'identité nationale connaît une formidable accélération lors de l'acte fondateur de la Révolution française : dans le contexte des États généraux de 1789 précédemment évoqués[3], les députés du Tiers-État se proclament Assemblée nationale, seuls représentants légitimes de la nation, au nom du peuple qui les a élus. L'Ancien Régime, fondé sur les traditions et la souveraineté du roi, est remplacé par une monarchie constitutionnelle et parlementaire, fondée

1. G. Hermet, *Histoire des nations et du nationalisme en Europe*, Paris, Seuil, 1996, p. 42-66.
2. Voir *supra*, p. 35.
3. Voir *supra*, p. 33.

sur la souveraineté de la nation. L'idée révolutionnaire, théorisée par l'abbé Sieyès, que le peuple forme ensemble la nation, devient l'idéologie du nouveau régime. La nation est une communauté politique contractuelle : c'est un « corps d'associés vivant sous des lois communes et représentés par la même législature[1] ».

Au XIXe siècle, le développement progressif des moyens de communication de masse, des transports de masse et d'un marché national intégré déclenche un processus d'homogénéisation culturelle des populations vivant sur le territoire. Par exemple, les débuts de la presse écrite nationale à grand tirage produisent une homogénéisation de la langue, une expression stable et quotidienne de l'existence de la nation française dans ses colonnes, ainsi qu'une lecture commune des informations et de l'actualité. Parallèlement, l'État déploie peu à peu une politique délibérée visant à remplacer la légitimité traditionnelle et dynastique de l'Ancien Régime, que la Révolution a abattue, par la légitimité nationale. Les politiques cohérentes de définition et de diffusion de symboles nationaux, tels que le drapeau ou la devise officielle au fronton de bâtiments publics, en sont autant d'illustrations. Ce phénomène ne se limite d'ailleurs pas à la France[2].

La défaite française lors de la guerre franco-prussienne de 1870 marque un bouleversement très profond de l'identité nationale des Français, à plusieurs titres. L'humiliation de la proclamation de l'Empire allemand à Versailles, l'annexion allemande de l'Alsace-Moselle, l'effondrement total du système politique du

1. E.-J. Sieyès, *Qu'est-ce que le Tiers-État ?*, *op. cit.*, chap. I.
2. E. Hobsbawm, *Nations et nationalisme depuis 1780*, trad. D. Peters, Paris, Gallimard, 1992, p. 153-241.

Second Empire, la guerre civile pour Paris entre communards et versaillais suscitent dans la population française le traumatisme collectif d'une catastrophe politico-militaire nationale globale. En réaction, la diffusion d'un sentiment collectif d'appartenance nationale connaît une triple accélération.

L'intensité de l'hostilité collective envers l'envahisseur allemand victorieux est une redite envers l'Allemagne du mécanisme de sentiment d'identité collective en péril face à l'altérité. Elle aboutit à la considérable montée en puissance du nationalisme dans la population française, sous la forme du revanchisme. Ce revanchisme peut être défini comme la volonté collective de revanche militaire contre l'Allemagne, au nom de la nation française réclamant vengeance, et au nom des Français d'Alsace-Moselle considérés comme des martyrs[1].

Dans ce contexte ardemment nationaliste, la IIIe République engage une politique d'homogénéisation ethnoculturelle forcée, qui repose notamment sur l'éducation obligatoire des jeunes générations, l'enseignement obligatoire du français et en français, ainsi que le bannissement des langues provinciales.

Une mythologie unificatrice, le « roman national », est enseignée dans les écoles mais émerge également dans la population adulte. Ce « roman national » est une réinterprétation finaliste de l'histoire, qui dépeint l'évolution du territoire et de la population de la IIIe République française, depuis des temps ancestraux jusqu'à nos jours, comme une continuité aboutissant à la naissance de la nation française en tant qu'apothéose. L'*Histoire de France* de Jules Michelet en est

1. B. Joly, « La France et la Revanche (1871-1914) », *Revue d'histoire moderne et contemporaine*, 1999, n° 46-2, p. 325-347.

la manifestation la plus célèbre. L'historien Ernest Lavisse, auteur de manuels scolaires, joue lui aussi un rôle décisif dans cette mythologie de la continuité d'une identité collective depuis la Gaule antique jusqu'à la IIIe République[1].

La Première Guerre mondiale sera l'ultime aboutissement du revanchisme nationaliste[2]. Elle sera aussi le cadre d'une considérable propagande nationaliste de masse, contre laquelle s'érigera d'ailleurs le journaliste Albert Londres en la qualifiant de « bourrage de crâne[3] ». L'entre-deux-guerres est ensuite marqué par la glorification de la reconquête de l'Alsace-Moselle et le traumatisme collectif de 1,4 million de soldats français morts au combat. La France aux trente-six mille communes se couvre de monuments aux morts, dans un véritable culte aux soldats martyrs de la nation et, à travers eux, un culte à la nation elle-même[4].

II. – Naissance du souverainisme français : la Résistance à l'Occupation (1940-1944)

1. **L'effondrement politico-militaire français de 1940 et l'appel du 18 Juin.** – En 1939, après avoir déjà annexé l'Autriche et démembré la Tchécoslovaquie,

1. S. Citron, *Le Mythe national. L'Histoire de France revisitée*, Paris, Éditions de l'Atelier, 2008 (rééd.), p. 21-45. Je fais moi-même partie des dernières générations de Français auxquelles cette mythologie fut inculquée à l'école primaire, avant que l'enseignement scolaire de l'histoire ne gagne considérablement en scientificité.
2. G. Hermet, *Histoire des nations et du nationalisme en Europe*, Paris, Seuil, 1996, p. 175.
3. A. Londres, *Contre le bourrage de crâne (1917-1918)*, Paris, Arléa, 1998.
4. G. L. Mosse, *De la Grande Guerre au totalitarisme. La brutalisation des sociétés européennes*, trad. É. Magyar, Paris, Hachette, 1999 ; rééd. 2014.

l'Allemagne, au nom de la conception ethnoculturelle de la nation, réclame la ville germanophone de Dantzig et plus largement la bande de territoire côtier qui la sépare de son exclave de Prusse-Orientale. La Pologne refuse. Paris et Londres la soutiennent. L'Allemagne envahit la Pologne. Le Royaume-Uni et la France ripostent en déclarant la guerre à l'Allemagne : c'est le début de la Seconde Guerre mondiale. En juin 1940, après plusieurs mois d'immobilisme, l'Allemagne envahit la France lors d'une « guerre-éclair » fondée sur l'action proactive des blindés. Sa victoire écrasante en quelques semaines répète l'effondrement global français de 1870. L'exode jette sur les routes un quart de la population française.

La Chambre des députés vote les pleins pouvoirs au maréchal Pétain. Dans tous les grands partis, de gauche comme de droite (à la seule exception des élus communistes, qui ont été déchus de leur mandat au début de 1940), la très large majorité des députés et des sénateurs vote ces pleins pouvoirs[1]. Il s'ensuit l'annexion allemande d'une partie de la France, l'occupation militaire de la moitié nord du pays et de toute la façade atlantique, ainsi que la création, dans la moitié sud, d'un État vassal de Berlin dont Philippe Pétain prend la tête.

Officier et stratège dans l'armée française, le colonel de Gaulle a préconisé sans succès l'emploi en première ligne de grandes unités de blindés : c'est l'Allemagne qui appliquera sa proposition. Au début de l'invasion, il obtient le commandement de blindés qu'il réclamait et est promu général à titre provisoire. Sa contre-attaque à Montcornet sera la seule initiative qui aura

1. *Annales de l'Assemblée nationale*, « Annexe au procès-verbal de la séance du mercredi 10 juillet 1940 ».

fait reculer, brièvement, les troupes allemandes. Nommé sous-secrétaire d'État à la Guerre, face à la déroute militaire il s'exile à Londres où il reçoit l'appui du gouvernement britannique. Il lance à l'antenne de la BBC l'appel du 18 Juin. C'est l'acte fondateur de la Résistance.

2. **La Résistance entre souverainisme ethnoculturel, souverainisme marxiste-révolutionnaire et souverainisme civique.** – Des réseaux de résistance essaiment en France. D'un point de vue politique, ses deux principales sensibilités sont la droite souverainiste et le communisme.

Le général de Gaulle lui-même procède de la droite souverainiste. Il est profondément influencé par les écrits de Maurice Barrès, grande figure tutélaire du nationalisme français[1]. S'il n'adhère ni à son antisémitisme ni à son passéisme, il épouse sa vision d'une identité nationale profondément enracinée, fondée sur « la terre et les morts » : l'appartenance ancestrale, les traditions, la mémoire collective et les sacrifices des générations passées[2]. Du reste, dès les premières pages de ses *Mémoires de guerre*, il exprimera son adhésion sentimentale et mystique à la nation ancestrale :

> Toute ma vie, je me suis fait une certaine idée de la France. Le sentiment me l'inspire aussi bien que la raison. Ce qu'il y a, en moi, d'affectif imagine naturellement la France, telle la princesse des contes ou la madone aux fresques des murs, comme vouée à une destinée éminente et exceptionnelle. J'ai, d'instinct,

1. S. Vajda, *Maurice Barrès*, Paris, Flammarion, 2000.
2. É. Roussel, « De Gaulle et Barrès », in F. Audigier, F. Schwindt (dir.), *Gaullisme et gaullistes dans la France de l'Est sous la IVe République*, Rennes, Presses universitaires de Rennes, 2009, p. 73-77.

l'impression que la Providence l'a créée pour des succès achevés ou des malheurs exemplaires[1].

En d'autres termes, la Résistance de droite souverainiste procède manifestement du souverainisme ethnoculturel.

La Résistance communiste connaît quant à elle deux naissances. Dans un premier temps, quelques réseaux sont créés, et quelques initiatives sont prises, par des militants communistes en rupture de ban avec la consigne de neutralité donnée au Parti par Moscou en raison du pacte germano-soviétique. Par exemple, le 17 juin 1940, Charles Tillon, cadre du parti, lance depuis Bordeaux un appel à la résistance contre « le fascisme hitlérien ». Autre exemple, en septembre 1940, la cellule de Jacques Decour, Georges Politzer et Jacques Solomon fonde et diffuse le journal clandestin résistant *Université libre* : ils seront arrêtés, torturés et fusillés en 1942[2]. Dans un deuxième temps, l'invasion allemande de l'Union soviétique, en 1941, provoque un renversement de consigne de Moscou et du Parti, qui ordonnent aux militants l'entrée en résistance. La Résistance communiste se massifie, ce qu'illustre la création des Francs-tireurs et partisans[3].

La Résistance communiste relève du souverainisme marxiste-révolutionnaire : le combat pour la libération nationale n'est pas un but en soi, mais un moyen au service de la lutte révolutionnaire. C'est d'autant plus vrai qu'à la Libération les communistes mettront

---

1. C. de Gaulle, *Mémoires de guerre. L'Appel (1940-1942)*, Paris, Pocket, 2007 (rééd.), p. 7.
2. J.-P. Azéma *et alii*, *Le Parti communiste français des années sombres (1938-1941)*, Actes du colloque d'octobre 1983, Paris, Seuil, 1986.
3. *Dictionnaire historique de la Résistance*, s.v. « Francs-tireurs et partisans français », Paris, Robert Laffont, 2006, p. 188.

à profit le rapport de force à l'œuvre entre les diverses composantes de la Résistance pour imposer, dans le cadre du gouvernement d'union nationale, les grandes nationalisations industrielles et la création de la Sécurité sociale, faisant ainsi de la France d'après-guerre une économie partiellement communiste[1].

Il existe toutefois indubitablement des réseaux d'autres tendances politiques. Les francs-maçons, majoritairement de convictions politiques socialistes, rapportés en proportion à leur effectif total, comptent le plus de résistants morts dans la lutte – à l'instar du journaliste Pierre Brossolette, affilié à la loge du Grand Orient de France, membre de réseaux successifs de résistance intérieure, capturé en 1944, et qui se suicidera en captivité. La Résistance franc-maçonne émane d'un républicanisme de stricte obédience, qui défend la nation française en tant que nation-contrat entre ses citoyens, et procède donc du souverainisme civique.

L'Occupation est un cas extrême de pouvoir politique surplombant : la nation française est pour partie annexée, pour partie occupée et pour partie transformée en État vassal puis fantoche d'une puissance étrangère. Il est donc logique que du point de vue des convictions politiques de ses membres, la Résistance ait été essentiellement souverainiste.

IV. – Face aux premiers pas de la construction européenne (1946-1958)

1. **De la naissance de la CECA à la victoire souverainiste contre la CED.** – Le nationalisme d'extrême

1. B. Friot, *Vaincre Macron*, Paris, La Dispute, 2017, p. 17-54.

droite ayant été moteur dans le déclenchement de la Seconde Guerre mondiale et l'idéologie des dictatures vaincues, l'après-guerre est marqué par une tendance générale à l'intransigeance envers le nationalisme sous toutes ses formes. C'est dans ce contexte que naît la IVe République, régime d'assemblée fondé sur un jeu de coalitions centrales et sur le rejet de deux forces politiques souverainistes antisystèmes : l'une est la droite souverainiste gaulliste, l'autre est le PCF.

La classe dirigeante de la IVe République est atlantiste, c'est-à-dire alignée géopolitiquement sur les États-Unis d'Amérique, et fédéraliste européenne, dans l'idée que le meilleur antidote aux guerres européennes serait une Europe fédérale. C'est donc sous la IVe République que, incarné et porté par le ministre des Affaires étrangères Robert Schuman, le projet supranational d'intégration européenne fait ses premiers pas.

En 1951 est créée la Communauté européenne du charbon et de l'acier (CECA), organisation supranationale de gestion commune franco-allemande des ressources stratégiques indispensables à la guerre, élargie à quelques autres pays d'Europe de l'Ouest. Le but est ainsi de rendre impossible en pratique une nouvelle guerre franco-allemande[1]. Les gaullistes s'y opposent au nom de l'indépendance nationale, car ils craignent que la France, faute d'être assez puissante pour la dominer, s'y trouve dominée. Les communistes y sont également opposés, pour leur part d'un point de vue souverainiste-marxiste : le PCF dénonce à la fois un « abandon de souveraineté française » et un projet sous contrôle de « la haute

1. É. Du Réau, *L'Idée d'Europe au XXe siècle*, Bruxelles, Complexe, 2001 (rééd.), p. 196-202.

finance américaine par le truchement du capitalisme allemand »[1].

Une fois engagés dans la guerre de Corée, les États-Unis veulent éviter à leurs troupes une éventuelle guerre sur deux fronts, et exigent donc de leurs alliés européens que l'Allemagne puisse se réarmer. Le compromis proposé consisterait à réarmer l'Allemagne au sein d'une armée commune européenne, la Communauté européenne de défense (CED), dans le cadre de l'Organisation du traité de l'Atlantique nord (OTAN) soumise au commandement militaire américain. Le projet échoue en France au stade de la ratification par l'Assemblée nationale. Les souverainistes gaullistes s'y opposent parce qu'il signifierait la fin de la souveraineté de la France sur ses propres armées. Les souverainistes marxistes-révolutionnaires du PCF s'y opposent en tant que projet émanant du bloc militaire capitaliste unifié européen aux ordres de Washington[2].

Projet moins connu, la Communauté politique européenne (CPE) aurait été une Europe fédérale sur le modèle institutionnel américain, dotée d'un Parlement élu, d'un Sénat représentant les États et d'un gouvernement supranational. Ce projet de traité est négocié à la même époque que celui qui doit créer la CED. Toutefois, par effet domino, l'échec de la CED entraîne l'abandon de la CPE[3].

2. **Le souverainisme économique de Pierre Mendès France face au traité de Rome.** – Il se produit à la fin des années 1950 un changement de stratégie des

1. « Le plan Schuman : plan de désastre national, plan de guerre mondiale », *France Nouvelle* (brochure du Parti communiste français), 1951, p. 3-4.
2. É. du Réau, *L'Idée d'Europe au XXe siècle*, *op. cit.*, p. 203-215.
3. *Ibid.*, p. 216-217.

partisans de l'intégration européenne. Le fédéralisme européen devient indirect, en se focalisant sur l'intégration économique, au lieu de cibler directement les attributs les plus sensibles de la souveraineté tels que la défense. Le 5 mars 1957, les deux traités de Rome créent la Communauté européenne de l'énergie atomique (Euratom), programme européen de coordination des recherches sur l'énergie nucléaire, et surtout une union douanière en vue d'un marché commun européen : la Communauté économique européenne (CEE). Le Parti communiste y est opposé, dans la continuité de son souverainisme marxiste-révolutionnaire. Le souverainisme gaulliste est silencieux, car absent de la vie politique institutionnelle de 1957 : deux ans auparavant, ayant échoué à conquérir le pouvoir par les urnes, Charles de Gaulle a mis en sommeil le Rassemblement du peuple français, le parti qu'il a créé dans ce but.

La CEE étant un projet d'organisation supranationale économique, le souverainisme économique apparaît pour lui faire pièce. Le plaidoyer le plus éloquent de l'époque est celui de Pierre Mendès France : socialiste, ancien résistant, ancien ministre de l'Économie du gouvernement d'union nationale de la Libération, il est nommé plusieurs fois ministre sous la IVe République, et il est l'un de ses chefs de gouvernement les plus marquants. Son discours contre le traité de Rome relève du souverainisme économique :

> Un marché vaste est [...] un élément essentiel pour l'organisation et la consolidation de la paix entre les États européens [...]. Mais ce marché, nous devons l'aménager de telle sorte que nous [Français] puissions y obtenir les meilleurs résultats possibles.

Pierre Mendès France s'inquiète en particulier du risque de *dumping* à l'intérieur du marché commun :

« L'afflux de chômeurs venus du dehors et susceptibles, souvent, d'accepter des salaires sensiblement inférieurs à ceux qui sont pratiqués dans notre pays est évidemment de nature à provoquer des contrecoups et des difficultés. »

« Dans le cas d'une crise économique », estime-t-il, la nation subira « un *dumping* de l'industrie allemande contre la nôtre ». Plus largement, « nous aurons aussi à subir dans le Marché commun une concurrence redoutable [...]. Certaines de nos industries, tout au moins, ne pourront pas s'adapter ou s'adapteront mal ». De plus, « c'est bien l'ensemble salaires plus charges sociales qui est supérieur en France à ce qu'il est chez nos voisins et concurrents étrangers » : « Nos partenaires veulent conserver l'avantage commercial qu'ils ont sur nous du fait de leur retard en matière sociale. » Il avertit :

> Nous serons livrés à la volonté de l'autorité supranationale qui décidera [...]. Si nos charges sont trop lourdes, comme il est certain, si notre balance des paiements en est altérée, on nous invitera à dévaluer le franc, une ou plusieurs fois, autant qu'il le faudra, pour rétablir l'équilibre, en réduisant chez nous le niveau de vie et les salaires réels. Alors, la dévaluation ne sera plus une décision souveraine, nationale ; elle nous sera imposée du dehors, comme pour freiner nos initiatives sociales, jugées trop généreuses[1].

L'année suivante, la IVe République entre dans une crise de régime en raison du pourrissement de la situation en Algérie. Une fracture ouverte traverse l'Assemblée, les partis, le peuple, entre les partisans de la décolonisation et ceux de l'Algérie française. Toutefois,

1. « Discours de Pierre Mendès France sur les risques du Marché commun », Assemblée nationale, 18 janvier 1957.

soudain, le système politique tout entier change : l'« opération Résurrection » des réseaux politico-militaires gaullistes, en convergence avec des réseaux militaires colonialistes basés en Algérie, met à profit la crise de régime pour forcer la classe dirigeante politique, sous la menace d'un coup d'État militaire, à confier le pouvoir au général de Gaulle[1].

Les institutions de la IVe République sont liquidées en quelques mois : c'est la naissance de la Ve République, avec à sa tête le souverainiste Charles de Gaulle.

IV. – Le souverainisme gaulliste au pouvoir (1958-1969)

1. **Le souverainisme gaulliste face aux souverainismes indépendantistes des colonies.** – La IVe République avait fondé l'Union française, tentative de conserver l'empire colonial en atténuant les discriminations envers les autochtones des colonies. Ce projet était d'emblée obsolète, du fait de la puissante dynamique d'après-guerre des souverainismes indépendantistes anticolonialistes partout dans le monde.

À la tête de la Ve République, le général de Gaulle tente d'abord de remplacer l'Union française par la Communauté française, association d'États dominée par Paris, qui garderait le contrôle des attributs essentiels de la souveraineté tels que la diplomatie, la défense, la monnaie, la politique économique, le contrôle des matières premières, et laisserait aux États anciennement colonies la souveraineté sur le reste[2].

1. C. Nick, *Résurrection. Naissance de la Ve République, un coup d'État démocratique*, Paris, Fayard, 1998.
2. H. Grimal, *La Décolonisation de 1919 à nos jours*, Bruxelles, Complexes, 1985 (rééd.), p. 335.

Ce projet sera cependant mort-né dès 1960, tous ses États membres préférant opter l'un après l'autre pour la pleine indépendance. Comme exposé précédemment, ce sont en règle générale des souverainismes civiques.

Dans le cas de l'Algérie française, de Gaulle, étant initialement allié à des réseaux militaires opposés à l'indépendance, dont la contribution à son retour au pouvoir a été décisive, est dans un premier temps opposé lui aussi à l'indépendance. Ainsi déclare-t-il le 4 juin 1958, lors d'un discours à Alger : « À partir d'aujourd'hui, la France considère que, dans toute l'Algérie, il n'y a qu'une seule catégorie d'habitants : il n'y a que des Français à part entière, des Français à part entière, avec les mêmes droits et les mêmes devoirs. » Dans un second temps toutefois, il se révèle prêt à négocier avec les souverainistes algériens une sorte d'indépendance-association. Les réseaux militaires colonialistes réagissent par une tentative de coup d'État, dite « putsch des généraux d'Alger », par une politique de terre brûlée au moyen d'attentats en Algérie, et par les nombreux attentats de l'Organisation armée secrète (OAS) visant à assassiner le chef de l'État[1]. En 1962, les accords d'Évian aboutissent à l'indépendance de l'Algérie.

2. **Le souverainisme gaulliste face au projet supranational d'intégration européenne.** – Le général de Gaulle s'oppose avec constance à la poursuite du projet supranational d'intégration européenne. En 1961-1962, la France propose à ses partenaires européens le plan Fouchet, qui évacuerait tout pouvoir supranational et transformerait la construction européenne en une

1. Le plus célèbre est l'attentat du Petit-Clamart, lors duquel des rafales de mitraillette tirées sur la voiture présidentielle manquent de peu tuer le général de Gaulle, son épouse et leur chauffeur.

organisation internationale intergouvernementale, mais se heurte à leur refus. En 1963, Paris tente d'établir une hégémonie franco-allemande sur l'Europe de l'Ouest au moyen d'un traité d'alliance : le traité de l'Élysée. À deux reprises, en 1963 et en 1967, de Gaulle refuse l'adhésion du Royaume-Uni à la CEE, au motif qu'il le considère trop aligné sur les desiderata de la superpuissance américaine.

De la mi-1965 au début de 1966, il paralyse la construction européenne au moyen de la « politique de la chaise vide ». Il le fait pour empêcher qu'un vote à la majorité qualifiée des États membres puisse s'imposer à la France sur des questions qu'il estime relever de la souveraineté nationale. Il obtient ainsi le compromis de Luxembourg, un droit de veto pour tout État membre lorsqu'il estime qu'une décision communautaire menacerait ses intérêts vitaux.

Sa politique en la matière est explicitement guidée par le souverainisme ethnoculturel. Il déclare en effet, en 1962, ceci :

> Dante, Goethe, Chateaubriand appartiennent à toute l'Europe dans la mesure où ils étaient respectivement et éminemment Italien, Allemand et Français. Ils n'auraient pas beaucoup servi l'Europe s'ils avaient été des apatrides et s'ils avaient pensé, écrit en quelque espéranto ou volapük intégrés. Alors, il est vrai que la patrie est un élément humain, sentimental, et que c'est sur des éléments d'action, d'autorité, de responsabilité, qu'on peut construire l'Europe. Quels éléments ? [...] J'ai déjà dit, je répète, qu'à l'heure qu'il est, il ne peut pas y avoir d'autre Europe possible que celle des États, en dehors, naturellement, des mythes, des fictions, des parades[1].

1. C. de Gaulle, conférence de presse à l'Élysée, 15 mai 1962.

3. **Le souverainisme gaulliste dans les affaires internationales.** – De même, la ligne de la diplomatie du général de Gaulle est celle d'une défense intransigeante du droit des nations à la souveraineté. Quelques exemples l'attestent.

En 1958, il demande que l'OTAN, organisation militaire supranationale sous hégémonie américaine, soit désormais dirigée par un triumvirat de Washington, Londres et Paris. En 1959, il retire la flotte française méditerranéenne du commandement de l'OTAN. En 1962, il en retire les flottes de l'Atlantique et de la Manche. En 1965, il déclare que l'« intégration » militaire dans le cadre de l'OTAN est en réalité une « subordination » à Washington. En 1966, il annonce que la France quitte l'ensemble du commandement intégré de l'OTAN.

En 1966, en pleine guerre du Vietnam, il prononce à Phnom Penh, au Cambodge, un discours qui condamne l'ingérence militaire américaine et plaide le droit de la nation vietnamienne à l'autodétermination souveraine. Il déclare alors que le combat du Nord-Vietnam contre les troupes américaines relève d'« une résistance nationale » et qu'« il faut laisser les peuples disposer à leur façon de leur propre destin[1] ».

En 1967 se produit l'incident diplomatique franco-canadien du slogan « Vive le Québec libre ! », qu'il lance depuis l'hôtel de ville de Montréal, et que nous évoquions en introduction. Fait moins connu, il prendra plus explicitement fait et cause pour l'indépendance du Québec une fois rentré en France :

> Que le Québec soit libre c'est, en effet, ce dont il s'agit. Cela aboutira forcément, à mon avis, à l'avènement du Québec au rang d'un État souverain, maître de son

---

1. C. de Gaulle, « Discours de Phnom Penh », 1er septembre 1966.

existence nationale, comme le sont par le monde tant et tant d'autres peuples[1].

V. – Du tournant de la rigueur de 1983 à l'Acte unique de 1986

1. **Du Système monétaire européen au « tournant de la rigueur » de 1983.** – Les années 1970 connaissent peu de grandes avancées de l'intégration européenne, et donc peu de manifestations de souverainisme. Par exemple, en 1978, la négociation des accords internationaux de création du Système monétaire européen (SME), mécanisme d'encadrement de la politique monétaire des États signataires, est dénoncée par le PCF, qui, selon sa grille de lecture souverainiste-marxiste, y voit une inféodation aux intérêts financiers ouest-allemands.

La même année, l'Appel de Cochin, à l'initiative des souverainistes de l'entourage du nouveau chef de file des gaullistes Jacques Chirac, est un texte communiqué aux médias dans lequel le fédéralisme européen du président français Giscard d'Estaing est qualifié de politique « antinationale » conduite par un « parti de l'étranger ». Deux ans plus tôt, lors du congrès de refondation du parti gaulliste par lequel il en prend la tête et le rebaptise « Rassemblement pour la République » (RPR), Jacques Chirac a prononcé un discours dont la ligne politique est souverainiste : « L'appel que je lance n'est que l'écho de l'éternel appel des nations qui ne veulent pas mourir[2]. » Il évoluera cependant ultérieurement vers une position favorable à l'intégration européenne.

---

1. C. de Gaulle, conférence de presse à l'Élysée, 27 novembre 1967.
2. Discours de Jacques Chirac au congrès fondateur du Rassemblement pour la République, 5 décembre 1976.

La France des années 1980 est ensuite dirigée presque sans interruption par des gouvernements et des majorités parlementaires de gauche. L'année 1983 sera le point culminant d'un conflit politique interne à la gauche, opposant souverainistes et partisans de l'intensification de l'intégration européenne.

L'alternance politique de 1981 a suscité une politique économique de relance qui comporte une grande vague de nationalisations de l'industrie et du système financier, sans précédent depuis la Libération, ainsi qu'une politique d'augmentation des salaires, des droits sociaux et de la protection sociale. Il en résulte un phénomène de montée des prix, d'où plusieurs dévaluations du franc. Or, si cette situation perdure, il faudra dévaluer encore, auquel cas il ne sera plus tenable de rester dans le cadre fixé par le SME. Au-delà, cette question est en réalité symptomatique de la question plus profonde du choix à faire entre deux politiques incompatibles : soit continuer la politique de relance budgétaire en sortant des encadrements liés à la construction européenne, pour l'intensifier, l'assortir de mesures de protectionnisme économique, et lui ajouter une politique monétaire de relance ; soit faire « une pause dans les réformes », rester dans le SME, adopter une politique de rigueur pour contenir la montée des prix et des salaires, et à moyen terme, intensifier l'intégration européenne pour créer un jour une « Europe sociale ».

Les souverainistes de gauche, tenants à la fois du souverainisme civique et du souverainisme économique, parmi lesquels le ministre de l'Industrie Jean-Pierre Chevènement, plaident pour la sortie des encadrements européens et l'intensification de la politique économique de relance. Les fédéralistes européens, parmi lesquels le ministre de l'Économie Jacques Delors, prônent au contraire la politique de rigueur et l'intensification de la construction européenne. Après avoir dans un premier temps souhaité l'option souverainiste, le président François Mitterrand se ravise et choisit ce qui sera appelé « le tournant de la rigueur[1] ».

2. **L'intensification de l'intégration européenne et la fabrication du Front national.** – La suite des années 1980 voit l'intensification du projet supranational d'intégration européenne. En 1985, Jacques Delors passe du poste de ministre français de l'Économie à celui de président de la Commission européenne, qu'il conservera dix ans. La même année, les accords de Schengen prévoient la libre circulation des ressortissants des États membres sur la totalité de leur territoire, c'est-à-dire la suppression de la souveraineté des États-membres sur les flux migratoires intra-européens. L'année suivante, l'Acte unique, qui amende le traité de Rome instaurant la CEE, représente un accroissement massif de l'intégration économique et du pouvoir supranational européens.

Les États membres se donnent sept ans pour aboutir à la circulation illimitée des marchandises, des personnes, des services et des capitaux dans toute la CEE. L'Acte permet à la Commission européenne de prendre près de trois cents directives pour démanteler les obstacles à ces circulations.

Les États membres délèguent une partie de leur souveraineté nationale aux institutions de la CEE dans de nouveaux domaines, dont la politique sociale et la politique monétaire. Le vote pour prendre les décisions passe à la majorité qualifiée dans plusieurs domaines-clés

---

1. J.-P. Chevènement, *Qui veut risquer sa vie la sauvera. Mémoires*, Paris, Robert Laffont, 2020, p. 219-251.

de la souveraineté économique nationale, tels que les tarifs douaniers extérieurs ou la réglementation de la circulation des capitaux et des services.

Enfin, l'Acte pose les jalons d'une union monétaire, qui sera la zone euro.

Parallèlement, une stratégie délibérée du président Mitterrand favorise la montée en puissance électorale d'une force politique d'extrême droite adepte du souverainisme ethnoculturel : le Front national (FN) de Jean-Marie Le Pen.

Après le « tournant de la rigueur », le chef de l'État sait qu'en vue de l'élection présidentielle de 1988 il ne pourra pas faire de nouveau campagne sur une grande politique sociale antisystème pour « changer la vie ». Il anticipe en outre une défaite de la gauche aux élections législatives de 1986, et donc une cohabitation avec un gouvernement de droite que dirigera Jacques Chirac, son adversaire probable au second tour de 1988. Il met donc au point, notamment avec le communicant Jacques Pilhan, une stratégie de réélection fondée sur l'instrumentalisation de l'extrême droite :

- ouvrir les vannes de l'exposition médiatique dans le service public, audiovisuel et radiophonique, à Jean-Marie Le Pen afin de doper son essor électoral ;
- réformer *in extremis* le mode de scrutin des législatives de 1986, pour qu'un mode de scrutin proportionnel produise le séisme politique de l'apparition d'un groupe parlementaire d'extrême droite à l'Assemblée nationale ;
- susciter la création d'une ONG qui soit un satellite du PS, « SOS Racisme », et qui batte campagne sur les thèmes du péril d'extrême droite et de la montée du racisme ;

- *in fine*, lors de la présidentielle de 1988 au terme de la cohabitation avec Jacques Chirac, écarteler ce dernier entre les nécessités contraires de séduire l'électorat lepéniste et l'électorat centriste, tout en faisant soi-même campagne sur une « France unie » contre le racisme et la haine.

Cette stratégie, qui permettra à François Mitterrand d'être réélu sans programme, permet également au FN, parti souverainiste qui a de l'identité nationale française une lecture essentiellement ethnique, de s'installer comme grande force antisystème d'extrême droite[1].

VI. – Face au traité de Maastricht (1992-1993)

1. Les quatre souverainismes contre Maastricht. Aboutissement de l'Acte unique, le projet de traité de Maastricht constitue une forte avancée du pouvoir supranational européen. Il crée une citoyenneté européenne se superposant à la citoyenneté des nations membres. Il fixe un calendrier pour aboutir, dans un délai de sept ans, au remplacement des monnaies nationales par une monnaie unique européenne. Il renforce les dispositifs d'encadrement des politiques économiques des États membres, en particulier de leurs politiques budgétaires : il leur interdit par exemple de dépasser un déficit public de 3 % du produit intérieur brut (PIB). Il étend les compétences du pouvoir supranational à de nouveaux domaines, tels que la protection des consommateurs. Il crée ou renforce des embryons de politique commune en matière de justice, de police et de diplomatie.

1. P. Cohen, P. Péan, *Le Pen, une histoire française*, Paris, Robert Laffont, 2012, p. 253-281.

Le président français François Mitterrand décide de soumettre le projet de traité à un référendum. Le souverainisme français se mobilise alors sous ses quatre grandes formes : civique, ethnoculturel, marxiste-révolutionnaire, économique.

Le souverainisme civique est surtout celui de la gauche souverainiste en rupture de ban par rapport au président Mitterrand et au Parti socialiste. L'année du référendum, Jean-Pierre Chevènement crée le Mouvement des citoyens (MDC), fondé expressément sur la définition civique de la nation telle que théorisée par l'abbé Sieyès, sur un républicanisme intransigeant, et opposé à ce qu'un pouvoir supranational ne vienne surplomber la République. Les chevènementistes marient cependant le souverainisme civique au souverainisme économique. Ils concentrent en effet leurs critiques sur la création de l'euro. Dans le cadre de cette monnaie unique, la politique monétaire serait confiée à une banque centrale indépendante des États membres, la Banque centrale européenne (BCE). Cette politique serait codifiée par le traité, et donc hors de contrôle démocratique. Sur le fond, elle serait soumise strictement à la pensée économique de l'ordolibéralisme[1] allemand. Par conséquent, la politique monétaire européenne serait systématiquement néfaste à toute politique économique non ordolibérale d'un État membre (par exemple une relance keynésienne). Elle provoquerait donc la fin à la fois de la souveraineté monétaire des États et de leur souveraineté sur leurs politiques économiques en général.

---

1. De l'allemand *Ordoliberalismus* : courant de pensée économique selon lequel le rôle fondamental de l'État en économie consiste à créer et à maintenir un cadre normatif qui permette à la concurrence libre et non faussée des entreprises de s'épanouir.

Le souverainisme ethnoculturel est principalement le fait de la droite souverainiste, qu'incarnent alors une coalition de personnalités en rupture de ban par rapport au RPR, pour la droite, et de l'Union pour la démocratie française (UDF), qui est fédéraliste-européenne, pour le centre-droit. Il s'agit notamment des anciens ministres Charles Pasqua et Philippe de Villiers. De façon emblématique, un de leurs principaux thèmes de campagne est le refus d'une citoyenneté européenne et du droit de vote aux élections municipales françaises qu'elle donne aux immigrés issus d'autres États membres[1].

Le Parti communiste français s'inscrit pour sa part dans la fidélité au souverainisme marxiste-révolutionnaire. C'est ce qui transparaît de sa position publiée par *L'Humanité* du 20 juin 1992 :

> Maastricht prévoit de transférer à des organismes européens le droit de prendre des décisions cruciales pour vous et pour la France dans des domaines aussi essentiels que l'économie, la monnaie – donc votre emploi et votre niveau de vie –, vos droits et libertés, la culture, la politique étrangère et la défense de notre pays. [...] Nous aimons la France. Nous voulons qu'elle soit libre, souveraine. [...] Nous ne voulons pas non plus que la France s'enferme dans un petit « club » de pays riches et dominateurs face aux quatre cinquièmes de l'humanité confrontés à la faim et au sous-développement[2].

2. **Le discours souverainiste de Philippe Séguin à l'Assemblée nationale (5 mai 1992).** – De l'avis unanime des contemporains de cette campagne référendaire,

1. Interview de Jacques Chirac par Anne Sinclair, sur TF1, le 24 mai 1992.
2. « Le Parti communiste s'adresse aux Français », *L'Humanité*, 20 juin 1992.

le chef de file *de facto* et principal orateur de la cause souverainiste du « non » à Maastricht aura été le gaulliste Philippe Séguin. Dans son discours qui fit date, à l'Assemblée nationale, le 5 mai 1992, son plaidoyer, qui étonnamment n'inclut pas de souverainisme ethnoculturel, relève simultanément du souverainisme civique et du souverainisme économique.

Du point de vue du souverainisme civique, il soutient d'emblée que le projet de traité « viole de façon flagrante le principe en vertu duquel la souveraineté nationale est inaliénable et imprescriptible » : « Quand l'article 3 de la Constitution du 4 octobre 1958 rappelle que "la souveraineté nationale appartient au peuple", il ne fait que reconnaître le pacte originel qui est, depuis plus de deux cents ans, le fondement de notre État de droit. » « La construction européenne se fait sans les peuples », assène-t-il. « Elle se fait en catimini, dans le secret des cabinets, dans la pénombre des commissions, dans le clair-obscur des cours de justice. Voilà trente-cinq ans que toute une oligarchie d'experts, de juges, de fonctionnaires, de gouvernants prend, au nom des peuples, sans en avoir reçu mandat, des décisions dont une formidable conspiration du silence dissimule les enjeux et minimise les conséquences. » Maastricht « enterre la conception de la souveraineté nationale et les grands principes issus de la Révolution : 1992 est littéralement l'anti-1789 ».

« La méthode est habile », car « en présentant chaque abandon parcellaire comme n'étant pas en soi décisif, on peut se permettre d'abandonner un à un les attributs de la souveraineté sans jamais convenir qu'on vise à la détruire dans son ensemble ». Or, « par essence, la souveraineté est un absolu qui exclut toute idée de subordination et de compromission. Un peuple souverain n'a de comptes à rendre à personne ». De fait, « la souveraineté, cela ne se divise pas ni ne se partage et, bien sûr, cela ne se limite pas ».

Du point de vue du souverainisme économique, Philippe Séguin note qu'« il a suffi que la Commission, disposant de l'initiative des textes, décide que la réalisation du marché unique nécessitait l'adoption de trois cents directives d'harmonisation pour que celles-ci soient adoptées à la majorité sans qu'aucun recours ait pu être opposé à cette qualification arbitraire, la Cour de justice des Communautés étant elle-même convertie sans réserve à l'idéologie fédéraliste ». Dans la lointaine continuation du discours de Pierre Mendès France contre le traité de Rome, il lance ce double avertissement : « la normalisation de la politique économique française implique à très court terme la révision à la baisse de notre système de protection sociale », et « chaque fois que nous voudrons faire une innovation dans notre législation sociale, il faudra aller demander la permission de nos partenaires ». Concernant la monnaie unique, « tout dépendra de la politique de la Banque centrale européenne qui sera indépendante, c'est-à-dire incontrôlable », et dont la politique sera synonyme « de taux d'intérêt réels élevés, donc de frein à l'investissement et à l'emploi, et d'austérité salariale » : « L'aliénation de notre politique monétaire entraîne [...] l'impossibilité de conduire une politique économique autonome. » De même Philippe Séguin dénonce-t-il « le respect de normes budgétaires tellement contraignantes qu'elles imposeront à un gouvernement confronté à une récession d'augmenter les taux d'imposition pour compenser la baisse des recettes fiscales et maintenir à tout prix le déficit budgétaire à moins de 3 % du PIB ». Et de conclure :

> Nous ne signifions pas un congé, nous exprimons la volonté de construire une autre Europe, la seule

Europe qui vaille à nos yeux. [...] Nous voulons l'Europe, mais debout, parce que c'est debout qu'on écrit l'histoire[1].

Le point culminant de la campagne référendaire sera du reste un débat opposant Philippe Séguin au président François Mitterrand. Le 20 septembre 1992, le « oui » l'emporte par 51 % des suffrages exprimés, avec un peu plus de 500 000 voix d'avance. En 2019, un sondage Ifop pour le *Journal du dimanche* révèle que vingt-sept ans après ce résultat, l'électorat français demeure coupé en deux : 52 % des sondés voteraient « non » à Maastricht, 48 % voteraient « oui »[2].

VII. – La victoire souverainiste lors du référendum de 2005 (1993-2005)

1. **L'après-Maastricht : le RPF du tandem Pasqua-Villiers et le Pôle républicain de Jean-Pierre Chevènement.** – L'intensification de l'intégration européenne se poursuit au fil des années 1990. Le traité européen d'Amsterdam complète celui de Maastricht. L'année 1999 voit le plein remplacement des monnaies nationales par l'euro pour les États-membres ayant accepté d'y participer, dont la France. Le traité de Nice organisera en 2001 la poursuite de l'élargissement de l'Union européenne. Cela étant, la fin des années 1990 est également marquée par le souverainisme en tant que force de fracturation des grands partis de gouvernement.

---

1. Discours prononcé par Philippe Seguin le 5 mai 1992 à l'Assemblée nationale.
2. Ifop, « Que feraient les Français s'ils pouvaient revoter aux référendums européens de 1992 et 2005 ? », sondage réalisé pour le *Journal du dimanche*, mai 2019, p. 5.

À droite, en 1997, le souverainiste Philippe Séguin conquiert la présidence du RPR, mais en démissionne avec fracas peu avant les élections européennes de 1999. Charles Pasqua, ancien résistant, ancien ministre et souverainiste ethnoculturel, déclenche une scission d'avec le RPR pour créer un nouveau parti gaulliste, le Rassemblement pour la France (RPF). Il le fait en tandem avec Philippe de Villiers, dissident de l'UDF de centre-droit et lui aussi souverainiste ethnoculturel. Lors de la campagne des élections européennes de 1999, leur liste déploie et revendique pour la première fois en France l'appellation « souverainistes », qui importe ce concept du Québec pour l'appliquer aux opposants français de tous bords au projet supranational européen. Nous avons traité cette question dans notre introduction. Rappelons toutefois la tribune fondatrice « Souverainisme, j'écris ton nom », publiée par deux lieutenants du tandem Pasqua-Villiers, William Abitbol et Paul-Marie Coûteaux, dans *Le Monde* du 30 septembre 1999 : « Le refus multiforme d'une mise en tutelle générale des activités humaines par une pléiade de sociétés multinationales et de constructions supranationales a trouvé son nom : le souverainisme[1]. »

Séisme pour la droite de l'époque : aux élections européennes de 1999, la liste dissidente souverainiste du RPF arrive devant la liste du RPR conduite par Nicolas Sarkozy. Charles Pasqua envisage d'être candidat de droite souverainiste à la présidentielle de 2002, avant d'y renoncer.

À gauche, l'effondrement électoral progressif du PCF l'a marginalisé. La victoire électorale de la « gauche plurielle » aux élections législatives de 1997

1. W. Abitbol, P.-M. Coûteaux, « Souverainisme, j'écris ton nom », art. cité, p. 11.

fait entrer au gouvernement le MDC, souverainiste civique : Jean-Pierre Chevènement devient ministre de l'Intérieur. Il est cependant en désaccord fondamental avec le fait que le Premier ministre Lionel Jospin envisage d'apaiser les souverainistes indépendantistes de Corse en accordant à l'île un statut d'autonomie. De fait, Jean-Pierre Chevènement est souverainiste français par rapport au projet supranational européen, mais opposé à toute concession envers le souverainisme corse par rapport à la France, principalement au motif qu'il conteste l'existence d'une nation ethnoculturelle corse et qu'il n'existe de son point de vue, sur le territoire français, que la nation-contrat civique héritée de la Révolution. La rupture sur cette question et sur d'autres désaccords le conduit à démissionner.

Il est ensuite candidat souverainiste à l'élection présidentielle de 2002. Sa plate-forme repose sur deux piliers : le souverainisme civique dans sa définition de la République et de la nation ; le souverainisme économique dans son opposition à l'intégration européenne. Le MDC s'élargit à un « Pôle républicain », projet de rassemblement des souverainistes de tous bords. Jean-Pierre Chevènement obtient 5 % des voix au premier tour.

2. **La victoire souverainiste de 2005.** – Trois ans plus tard, le projet de traité constitutionnel européen devient le sujet central de la vie politique française. Le texte ne contient pas de véritable avancée de la construction supranationale. C'est une reprise ordonnée des traités européens précédents, assortie d'une définition d'éléments d'identité commune européenne tels que la mention des « héritages culturels, religieux et humanistes de l'Europe », et de quelques symboles forts, dont le fait en soi d'être appelé « Constitution européenne ». Le président Jacques Chirac décide qu'en

France le traité sera soumis au référendum. Puisqu'il ne contient ni bouleversement des institutions européennes, ni de nouvelles grandes dispositions de politique économique, la campagne référendaire sera nécessairement, en substance, un « match retour » de celle du traité de Maastricht.

Le souverainisme marxiste-révolutionnaire joue d'emblée un rôle décisif dans le débat sur le projet de traité lorsque *L'Humanité* entreprend, en octobre 2004, de publier son texte intégral dans un hors-série spécial de près de cent pages. Cette initiative déclenche un phénomène de lecture de masse du texte dans la population française, et donne par la suite un très fort écho à ses articles d'argumentation de gauche souverainiste en faveur du « non » (en particulier dans l'électorat de gauche qui avait déjà voté « non » à Maastricht ou avait voté « oui » avec réticence).

Le souverainisme ethnoculturel a cette fois pour chef de file principal Philippe de Villiers. Ce dernier additionne le souverainisme ethnoculturel et le souverainisme économique en battant campagne sur le thème du *dumping* social du « plombier polonais » venu concurrencer chez lui le plombier français, chose que la « directive européenne Bolkestein » rendrait possible.

Le souverainisme civique est incarné essentiellement, à gauche, par trois chefs de file. Jean-Pierre Chevènement, à la tête du MDC, plaide surtout pour le souverainisme économique, dans une argumentation essentiellement consacrée aux politiques économiques ordolibérales que le traité constitutionnel rend obligatoires. Laurent Fabius, en se prononçant très tôt pour le « non », apporte à ce dernier la caution de son rang d'ancien Premier ministre de François Mitterrand et d'ancien ministre de l'Économie. Cette position, qui à l'époque avait surpris plus d'un observateur, est en réalité cohérente avec le fait que, lors du débat interne au gouvernement sur le « tournant de la rigueur » de 1983, il avait fait partie des souverainistes de gauche qui préconisaient de sortir des encadrements européens et d'intensifier la relance économique dans un cadre protectionniste, avant que François Mitterrand ne lui ordonne de diriger le gouvernement chargé au contraire d'une politique d'austérité. Le troisième orateur principal est Jean-Luc Mélenchon, cas sur lequel nous reviendrons.

De très loin, les trois expressions les plus marquantes du débat politique d'alors deviennent « concurrence libre et non faussée », « directive Bolkestein », et « plombier polonais ». De fait, il apparaît que, pour ce référendum, tous les souverainismes font en réalité campagne sur le seul qui soit compatible avec tous les autres, à savoir le souverainisme économique.

Le 29 mai 2005, le « non » emporte une très large victoire avec presque 55 % des suffrages exprimés, soit presque 10 points d'avance sur le « oui ». En outre, en 2019, le sondage Ifop précédemment évoqué révèle que quatorze ans après ce résultat, l'électorat français reproduirait ce score s'il fallait voter de nouveau : 54 % des sondés voteraient « non », 46 % voteraient « oui »[1].

VIII. – La recomposition des souverainismes dans les années 2010

1. Le Front national : du « souverainisme intégral » (Philippot) au repositionnement sur les fondamentaux d'extrême droite. – En 2009, à l'approche des élections européennes, le souverainiste Florian Philippot, qui se réclame du gaullisme, devient conseiller de Marine

1. Ifop, « Que feraient les Français s'ils pouvaient revoter aux référendums européens de 1992 et 2005 ? », art. cité, p. 110.

Le Pen, laquelle, deux ans plus tard, succède à son père à la présidence du FN. Nommé directeur stratégique de sa campagne présidentielle, il est à compter de cette date le principal rédacteur du projet politique du parti, entièrement réécrit dans le sens d'un « souverainisme intégral[1] ».

Ce « souverainisme intégral » est essentiellement une combinaison de souverainisme ethnoculturel et de souverainisme économique. Sur le plan du souverainisme ethnoculturel, il prévoit la fermeture des frontières à l'immigration en la réduisant à 10 000 entrées par an, la suppression du droit du sol (qui implique donc une nationalité fondée sur le droit du sang), et la suppression du regroupement familial. Sur le plan du souverainisme économique, il inclut de quitter les traités constitutifs de l'Union européenne, de quitter la zone euro pour rétablir le franc, d'appliquer une politique de protectionnisme au moyen de tarifs douaniers et d'engager une nouvelle vague de nationalisations, dont la nationalisation partielle des banques de dépôt[2].

Le but est donc de transformer le FN, parti d'extrême droite, en un parti de rassemblement des souverainistes de tous bords. Ce repositionnement semble fonctionner, puisque globalement les scores électoraux s'améliorent d'élection en élection, depuis la présidentielle de 2012 jusqu'à celle de 2017. Au premier tour de l'élection présidentielle de 2017, Marine Le Pen obtient le meilleur score que le FN ait jamais atteint, dépassant les 21 %. Au second tour, alors qu'en 2002 le score de son père, lui aussi finaliste, n'avait quasiment

1. N. Lebourg, « Comment le Front national est devenu le parti du souverainisme intégral », *Slate*, 7 décembre 2015.
2. M. Le Pen, « Mon projet, pour la France et les Français », programme de candidature à l'élection présidentielle de 2012.

pas progressé d'un tour à l'autre, Marine Le Pen se voit au contraire propulsée de 21 à 34 %, record absolu de l'extrême droite à une élection présidentielle.

Les reports de voix des candidats du premier tour indiquent toutefois, d'une part, que le réservoir de voix du second tour s'est trouvé de très loin à droite, 20 % des électeurs de Fillon ayant voté Le Pen ; d'autre part, que l'électorat de gauche a très faiblement voté Le Pen, ce qui est le cas de 3 % de l'électorat de Benoît Hamon et de 12 % des électeurs de Jean-Luc Mélenchon[1]. À l'appui de ce constat, les cadres du FN plaidant de longue date pour l'abandon de la « stratégie Philippot[2] » de rassemblement de l'électorat des souverainistes des deux rives, au premier rang desquels Nicolas Bay, obtiennent gain de cause.

Florian Philippot perd sa vice-présidence chargée de la stratégie, perd la main sur le programme, et quitte le FN. Le parti adopte une nouvelle stratégie, dite de « fracturation de la droite », qui consiste à se repositionner sur les fondamentaux d'extrême droite avec lesquels une vaste population d'électeurs de droite peut être d'accord, en vue de prendre des électeurs aux partis de droite, pour à terme contraindre ces derniers à accepter une alliance. Deux fondamentaux du « souverainisme intégral » sont abandonnés dans ce cadre, parce qu'ils sont des repoussoirs pour l'électorat de droite : la sortie de l'Union européenne et la sortie de la zone euro. Dans les propositions du FN lors des élections européennes de 2019, il n'est d'ailleurs plus question ni de l'une ni de l'autre[3].

---

1. BVA, « Présidentielle 2017 : décrypter le vote des Français au second tour », 9 mai 2017, p. 11.
2. « La stratégie Philippot décryptée par Thomas Guénolé », *Le Figaro*, 6 février 2015.
3. Programme du Front national pour l'élection européenne de 2019.

2. **La prise d'indépendance de la droite souverainiste (Dupont-Aignan).** – En 1999, Nicolas Dupont-Aignan, député-maire de Yerres, crée au sein du RPR le courant souverainiste « Debout la République » (DLR). La même année, il soutient pour les élections européennes la liste dissidente de droite souverainiste du tandem Pasqua-Villiers et quitte le RPR. DLR devient une passerelle entre le RPF fondé par Charles Pasqua et Philippe de Villiers d'une part, et le RPR d'autre part. En 2002, Jacques Chirac mettant sur les rails un grand parti de la droite et du centre-droit, l'Union pour un mouvement populaire (UMP), il la rejoint et y incarne la tendance souverainiste. Au fil des votes internes, il obtient en ordre de grandeur entre 10 et 20 % des voix. En 2005, il plaide pour le « non » au projet de traité constitutionnel européen. En 2007, peu avant la présidentielle, DLR fait scission avec l'UMP et devient donc un parti indépendant de droite souverainiste. En 2012, candidat à l'élection présidentielle, Nicolas Dupont-Aignan obtient un peu moins de 2 % des voix.

Sa ligne politique, qui se réclame du gaullisme, est globalement identique au « souverainisme intégral », c'est-à-dire une combinaison de souverainisme ethnoculturel et de souverainisme économique. Son souverainisme ethnoculturel est situé à l'extrême droite, puisqu'il adhère notamment à la théorie du « grand remplacement », qui soutient que la population française est en danger de submersion démographique par l'immigration en général, l'immigration d'origine maghrébine en particulier[1]. Sur le plan du souverainisme économique, il propose de sortir de l'euro, de rétablir

1. « Dupont-Aignan rejoint la vague du "grand remplacement" », *Libération*, 18 janvier 2017.

le franc, de sortir des traités européens, et d'appliquer une politique protectionniste de tarifs douaniers.

3. **Le souverainisme de l'Union populaire républicaine (Asselineau).** – Après avoir été un des cadres du RPF de Charles Pasqua et Philippe de Villiers, François Asselineau fonde en 2007 son propre parti, l'Union populaire républicaine (UPR). Comme Florian Philippot et Nicolas Dupont-Aignan, il se réclame du gaullisme. L'UPR a un poids électoral extrêmement faible, François Asselineau ayant obtenu un peu moins de 1 % des voix à l'élection présidentielle de 2017. Elle exerce en revanche sur le débat politique relatif à la construction européenne une influence sans commune mesure avec ces résultats. Son argumentation juridique pour plaider l'indispensabilité d'une sortie des traités européens, en particulier, apparaît avoir eu un fort écho chez les militants souverainistes de toutes tendances.

4. **Le souverainisme économique d'Arnaud Montebourg au sein du Parti socialiste.** – En 2005, François Hollande, Premier secrétaire du Parti socialiste (PS), avait décidé de définir la position du parti à l'égard du projet de traité constitutionnel européen au moyen d'un référendum auprès des adhérents. Ce dernier avait abouti à la victoire du « oui » mais, ultérieurement, lors du référendum national proprement dit, il s'était avéré que l'électorat de gauche avait majoritairement voté « non ».

Dans ce contexte, Laurent Fabius, longtemps chef de file incontesté de l'aile gauche du PS et plus haut cadre socialiste ayant annoncé qu'il voterait « non », semble de prime abord en situation de devenir candidat de son parti à l'élection présidentielle de 2007. Il perd cependant les primaires de désignation de ce candidat, remportées par Ségolène Royal, pourtant issue de l'aile droite du parti et partisane du « oui ». Cette dernière sera *in fine* très largement battue au second tour par le candidat de la droite, Nicolas Sarkozy.

En 2011, la désignation du candidat du PS à l'élection présidentielle fait l'objet de primaires ouvertes à tout électeur français souhaitant voter. Candidat, le député Arnaud Montebourg fait une campagne tout entière axée sur le souverainisme économique, en reprenant notamment le concept de « démondialisation » de l'intellectuel altermondialiste philippin Walden Bello dans un manifeste préfacé par l'intellectuel souverainiste Emmanuel Todd[1].

Il crée la surprise en obtenant la troisième place avec 17 % des voix. Le vainqueur, François Hollande, élu chef de l'État, forme un gouvernement auquel Arnaud Montebourg participe comme ministre de l'Industrie puis de l'Économie. La pierre d'achoppement sera la fermeture de l'usine de Florange par la multinationale ArcelorMittal : tandis que le ministre Montebourg veut un acte protectionniste de nationalisation provisoire du site, l'Élysée s'y refuse. Plus largement, au bout de deux ans, la rupture politique est consommée : une fois Arnaud Montebourg évincé du gouvernement, sa ligne colbertiste et protectionniste de souverainisme économique disparaît du gouvernement elle aussi[2].

5. **Jean-Luc Mélenchon en équilibre entre le souverainisme économique et « l'autre Europe ».** – Jean-Luc Mélenchon est sénateur PS presque sans interruption depuis 1986, compte parmi les chefs de file de l'aile gauche du parti et a été à la fin des années 1990

1. A. Montebourg, *Votez pour la démondialisation !*, préface de E. Todd, Paris, Flammarion, 2011.
2. A. Montebourg, *L'Engagement*, Paris, Grasset, 2020.

ministre délégué à la Formation professionnelle du gouvernement Jospin, lorsque intervient le chamboule-tout de la campagne référendaire de 2005. Les souverainistes de gauche ont été mis en minorité lors du vote interne au PS. Consigne est donc donnée par le Premier secrétaire François Hollande de ne pas faire campagne pour le « non ». Contrairement à Laurent Fabius, qui y consent, Jean-Luc Mélenchon désobéit et devient l'un des orateurs les plus remarqués du « non de gauche ».

En 2008, malgré la lourde défaite de Ségolène Royal à l'élection présidentielle de l'année précédente, l'aile gauche du parti est battue lors des votes du congrès de Reims. Jean-Luc Mélenchon en déduit qu'au lieu de rester minoritaire dans un parti durablement à la main de l'aile droite, il est préférable de faire scission pour tenter d'unifier l'aile gauche et toutes les forces plus à gauche qu'elle, en particulier le PCF, dans une grande coalition anticapitaliste. Il crée le Parti de gauche, puis un cartel électoral qui l'unit au PCF et à quelques groupuscules baptisé « Front de gauche », puis en est le candidat à l'élection présidentielle de 2012, où son score de 11 % unit les voix d'extrême gauche derrière sa candidature.

En 2017, faisant sien le concept de « populisme de gauche[1] », il tente de dépasser son socle électoral d'extrême gauche en optant pour une campagne qui veut « fédérer le peuple » contre « l'oligarchie ». Début 2017, les sondages indiquent qu'elle ne porte pas ses fruits, puisqu'il reconstitue en réalité le capital d'intentions de vote d'un candidat d'unification de l'extrême gauche. Cependant, il bénéficie ensuite de l'écroulement du candidat du PS, Benoît Hamon, dans les intentions

1. C. Mouffe, *Pour un populisme de gauche*, Paris, Albin Michel, 2018.

de vote : c'est principalement vers lui qu'elles vont, le transformant en candidat d'union de la gauche *de facto*. Au soir du premier tour, il tutoie les 20 % et la qualification au second tour[1].

Du point de vue doctrinal, Jean-Luc Mélenchon est simultanément favorable au souverainisme civique et au souverainisme économique. Son souverainisme civique est manifeste, en ce que ses discours définissent très clairement la nation et la République comme des synonymes, c'est-à-dire un contrat social et politique entre citoyens, dans la continuité de la relation d'égalité entre souveraineté nationale et souveraineté populaire telle que la proclamait, notamment, la Constitution révolutionnaire de 1793. Quant au souverainisme économique, l'originalité de son programme *L'Avenir en commun* de 2017 consiste à proposer d'abord une autre Europe par la renégociation, puis le souverainisme économique en cas d'échec de cette proposition. Le « plan A » stipule que la France proposera notamment à ses partenaires européens le protectionnisme, une dévaluation de l'euro, la fin de l'indépendance de la Banque centrale européenne, l'annulation partielle des dettes publiques, l'harmonisation sociale et fiscale par le haut et un plan contraignant de baisse des émissions de gaz à effet de serre. En cas de refus des partenaires, le « plan B » prévoit que la France cessera unilatéralement de contribuer au budget de l'Union, que le gouvernement réquisitionnera la Banque de France pour reprendre le contrôle de la politique monétaire et que la France rétablira le contrôle des capitaux et des marchandises aux frontières nationales[2].

1. T. Guénolé, *La Chute de la maison Mélenchon*, Paris, Albin Michel, 2019, p. 188-211.
2. J.-L. Mélenchon, *L'Avenir en commun*, Paris, Seuil, 2016, p. 83-86 ; voir aussi T. Guénolé, « Face à Bruxelles, le pari de l'insoumission », *Le Monde diplomatique*, mars 2019, p. 18-19.

* * *

À la fin du XXe et au début du XXIe siècle, l'acmé du souverainisme français est le militantisme contre le traité de Maastricht puis le traité constitutionnel européen, lors de leurs campagnes référendaires respectives. Treize années séparent les deux référendums, preuve que de façon stable, approximativement la moitié de l'électorat français est souverainiste : un Français sur deux vote avec constance contre l'intégration européenne. Pourtant, il n'a jamais existé de force politique souverainiste unifiée, et ce, malgré plusieurs tentatives. Cela tient vraisemblablement au fait que, hormis leur plaidoyer pour l'indépendance de la France ou davantage d'autonomie à l'égard du pouvoir supranational européen, les différents courants du souverainisme français, et leurs électorats respectifs, ont entre eux des désaccords politiques trop profonds pour pouvoir être unifiés dans un grand parti ou une grande coalition. Il est par exemple difficile d'imaginer une politique sociale commune à Nicolas Dupont-Aignan et à Jean-Luc Mélenchon. L'électorat souverainiste peut en revanche s'unir et même atteindre la majorité absolue des voix lorsque le scrutin porte *uniquement* sur l'enjeu de la souveraineté nationale, c'est-à-dire lors de référendums sur l'intégration supranationale européenne.

ÉPILOGUE

L'avenir du souverainisme

> « Les prévisions sont difficiles surtout lorsqu'elles concernent l'avenir. »
>
> Pierre DAC

Le concept de souverainisme, de plus en plus, s'installe dans le paysage politique et intellectuel en tant que sujet de réflexion, de militantisme et de débat. C'est ce qui ressort de ce graphique, issu de Ngram Viewer, et qui révèle une montée en flèche de la présence du mot « souverainisme » dans les livres en langue anglaise à partir de la fin du XXe siècle :

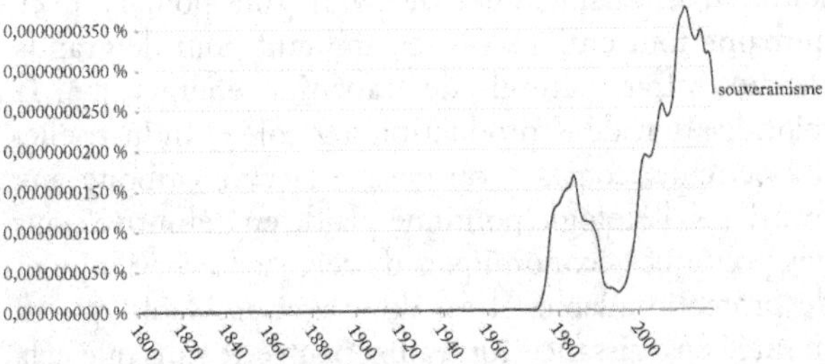

Source : Ngram Viewer (Google), graphique généré le 27 août 2021

Tant qu'il y aura des communautés humaines pour ressentir leur appartenance collective à une nation qui pourtant n'a pas d'État ou l'a sans être indépendante, il s'y trouvera des mouvements politiques, culturels, intellectuels, d'aspiration à l'indépendance ou à l'autonomie. Du Québec à la Kabylie, de l'Écosse à l'Ouïghouristan, de la Catalogne à l'Îlam tamoul, le souverainisme a donc encore de beaux jours devant lui.

L'évolution doctrinale des penseurs et des forces politiques du souverainisme semble indiquer une tendance durable à l'hégémonie de l'une des quatre formes du souverainisme sur les trois autres : le souverainisme économique. Ceci est dû sans doute, d'une part, au simple fait qu'il est le seul des quatre à pouvoir être plaidé par les trois autres sans incompatibilité idéologique, et d'autre part, au consensus croissant des souverainistes de toutes tendances pour regarder la « mondialisation malheureuse » comme un pouvoir politique qui domine les nations. Cette évolution est d'ailleurs renforcée par la pandémie mondiale de la Covid-19, dans la mesure où elle a suscité chez les peuples une brutale prise de conscience de la dépendance et de la fragilité de l'économie de leurs États-nations respectifs.

Le réchauffement climatique, enfin, est en soi la source d'un changement de paradigme pour l'espèce humaine tout entière. Or, en militant pour de grands travaux infrastructurels de transition énergétique, la relocalisation de la production agricole et industrielle, les « circuits courts », ou encore la taxe carbone aux frontières, l'écologie politique plaide en définitive pour des politiques économiques de relance keynésienne et de protectionnisme. Il est donc vraisemblable que sa montée en puissance équivaille, peut-être sans que cela se sache, à une montée en puissance *de facto* du souverainisme économique.

REMERCIEMENTS

> « C'est en effet, je pense, un acte de bienveillance et plein d'une candeur honorable que de déclarer quels sont ceux dont l'aide nous a été précieuse. »
>
> Pline l'Ancien

Merci à mon épouse Katerina Tatianovna Ryzhakova, la femme de ma vie, pour son soutien de chaque instant dans l'écriture de ce livre. Il m'aurait été tout simplement impossible d'y arriver sans elle.

Écrire ce livre m'a conduit à revisiter mes cours d'histoire et de théorie des idées en premier cycle à Sciences Po, il y a de cela vingt ans. Merci à Julien Brocard, directeur de la collection « Que sais-je ? », de m'avoir offert cette madeleine de Proust. Merci à mes maîtres de l'époque : Bertrand Badie, Christophe-Alexandre Paillard, Marc Le Dorh, Maryvonne Bonnard, Jean Picq, et bien sûr mon parrain Didier Schlacther – avec également une pensée émue pour le regretté Guy Carcassonne.

Merci à Me Grégory Berkowicz, docteur en droit, pour ses conseils de lecture relatifs à la pensée de Carré de Malberg.

Merci à mon frère Fabian Guénolé, à Antoine Martin, et à Nicolas Pavillon, professeur agrégé d'histoire, pour leur relecture du manuscrit. Merci à mes parents Edmond et Mylène Guénolé, ainsi qu'à ma sœur Anaëlle Guénolé, pour leur soutien décisif au fil de ce travail d'écriture.

Merci aux économistes Jacques Sapir et David Cayla d'avoir chacun relu la section traitant du souverainisme économique. Merci à Jean-Christophe Laurence, journaliste politique à *La Presse*, et à Gérard Laurence, ancien professeur d'histoire à l'université Laval de Québec, pour leur relecture de l'histoire de la naissance du souverainisme québécois.

Merci aux lecteurs qui, au fil des années, suivent et encouragent mes travaux. Leur fidélité est un honneur.

Ouessant, le 31 août 2021

TABLE DES MATIÈRES

Introduction 3

CHAPITRE PREMIER
Concepts fondamentaux du souverainisme 17
I L'État 17
II La souveraineté 24
III La nation 29

CHAPITRE II
Théorie générale du souverainisme 52
I Le souverainisme civique 52
II Le souverainisme ethnoculturel 59
III Le souverainisme marxiste-révolutionnaire 64
IV Le souverainisme économique 70

CHAPITRE III
Histoire du souverainisme français 84
I La lente gestation du sentiment collectif d'identité nationale en France 84
II Naissance du souverainisme français : la Résistance à l'Occupation (1940-1944) 88
III Face aux premiers pas de la construction européenne (1946-1958) 92
IV Le souverainisme gaulliste au pouvoir (1958-1969) 97
V Du tournant de la rigueur de 1983 à l'Acte unique de 1986 101
VI Face au traité de Maastricht (1992-1993) 105
VII La victoire souverainiste lors du référendum de 2005 (1993-2005) 110
VIII La recomposition des souverainismes dans les années 2010 114

ÉPILOGUE
L'avenir du souverainisme 123

Remerciements 125

Composition et mise en pages
Nord Compo à Villeneuve-d'Ascq

Imprimé en France
par la Nouvelle Imprimerie Laballery
rue Louis Blériot 58500 Clamecy
décembre 2021 - N° 111905

La Nouvelle Imprimerie Laballery est titulaire de la marque Imprim'Vert®